RECUEIL

DE

MOTS FRANÇAIS

RANGÉS PAR ORDRE DE MATIÈRES.

Les exemplaires voulus par la loi ont été déposés à la Direction
de l'Imprimerie.

Tout exemplaire qui ne portera pas la signature de l'auteur sera
réputé contrefait.

PARIS.—IMPRIMERIE DE H. FOURNIER,
RUE DE SEINE, N° 14.

RECUEIL

DE

MOTS FRANÇAIS

RANGÉS PAR ORDRE DE MATIÈRES,

AVEC

DES NOTES SUR LES LOCUTIONS VICIEUSES

ET

DES RÈGLES D'ORTHOGRAPHE.

PAR

B. PAUTEX,

PROFESSEUR DE LANGUE FRANÇAISE.

———◦◦◦———

QUATRIÈME ÉDITION, AUGMENTÉE.

PRIX : 1 FR. 50 CENT.

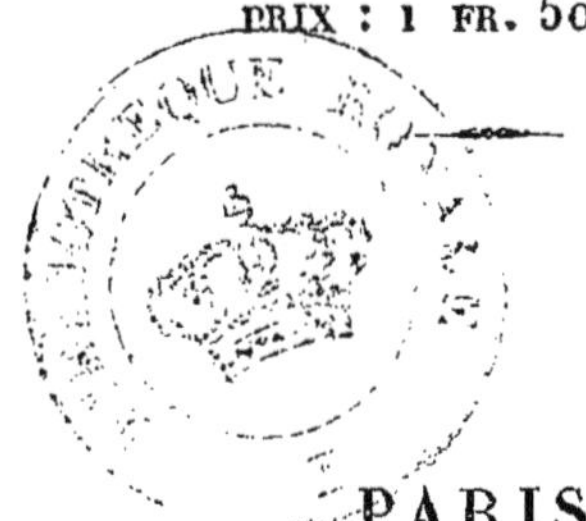

PARIS,

Chez MM.
CHERBULIEZ ET Cᵉ, Libraires, rue Saint-André-des-Arts, 68.
HACHETTE, Libraire, rue Pierre-Sarrazin, 12.
MAIRE-NYON, Libraire, quai Conti, 13.
RORET, Libraire, rue Hautefeuille, 10 *bis*.

GENÈVE,

CHEZ L'AUTEUR, RUE DE COUTANCE, Nᵒ 72.

—

1835.

OUVRAGES DU MÊME AUTEUR :

Recueil de mots français rangés par ordre de matières, à l'usage des commençants. 3ᵐᵉ édition. In-12 de 36 pages. Prix : 3o cent.

Recueil de mots Français rangés par ordre alphabétique ; in-8 de 1o8 pages. Prix : 1 fr.

Ces deux ouvrages se vendent à Genève, chez l'auteur, rue de Coutance, n° 72.

Pour les demandes, on peut s'adresser à MM. Cherbuliez et Cᵉ, libraires, rue Saint-André-des-Arts, 68.

PRÉFACE.

Tout le monde s'accorde sur la difficulté de posséder l'orthographe d'usage, base de l'orthographe complète.

Un moyen fort simple pour en faciliter l'étude, est de faire apprendre par cœur aux élèves l'orthographe des mots : c'est celui qu'on emploie depuis longtemps en Suisse, et à Genève en particulier, où l'on a composé à cet effet des abrégés de dictionnaire ou *Recueils de mots*, qui ne contiennent que les termes les plus usuels. Mais l'ordre alphabétique a ses inconvénients : il favorise la paresse des élèves; et, loin de former leur jugement, il les habitue à ne saisir que le matériel des mots, sans y joindre l'idée que ces mots représentent. Le commentateur du célèbre Bentham, M. Dumont, dont la sollicitude pour l'amélioration des études primaires descendait aux plus petits détails, entrevit le premier ce qui manquait à nos Recueils, et communiqua ses remarques à M. J. Humbert. Ce professeur, qui s'occupe de l'instruction avec autant de zèle que de succès, me pressa vivement d'entreprendre un travail conforme aux vues de M. Dumont; et je publiai un petit Recueil de mots par ordre de matières à l'usage des commençants, et un autre plus étendu à l'usage des classes plus avancées. Ces ouvrages ont été parfaitement compris à Genève, et l'Académie de cette ville les a mis au rang des livres exigés pour les colléges; ils ont même été adoptés à Paris par quelques chefs d'institution.

Le succès qu'ils ont obtenu m'a fait espérer qu'ils auraient aussi leur utilité dans un pays où l'on accueille avec empressement tout ce qui peut contribuer aux progrès de l'instruction; et je me suis décidé à publier pour la France une édition spéciale du second Recueil. J'ai fait les changements que nécessitait la différence des localités pour le choix des mots et les locutions vicieuses, pour les poids et mesures, la géographie, etc. On y trouvera de plus deux nouveaux chapitres : l'un présente les noms d'environ 500 hommes célèbres, classés par catégories et rangés dans l'ordre chronologique ; l'autre, des règles d'orthographe très - courtes et faciles à retenir.

Voici la manière d'employer ce Recueil. Pour les élèves qui commencent, on choisit le chapitre qui est le plus à leur portée, et on leur donne à lire plusieurs fois un certain nombre de mots ; quand on suppose qu'ils en ont retenu l'orthographe, on les leur prononce, et ils doivent les épeler de mémoire. On prend note des mots qui n'ont pas été récités correctement, et on les leur fait apprendre de nouveau. Après cela, on leur dicte de petites phrases sur les mots qu'ils ont vus, en choisissant de préférence ceux qu'ils ont eu le plus de peine à retenir. On passe ensuite à des chapitres plus difficiles, en procédant de même.

Dans cet ouvrage, je ne me suis point borné à une simple énumération de mots. J'ai accompagné de définitions les termes peu familiers quand la place n'en indiquait pas suffisamment le sens. J'ai mis les variantes d'orthographe et de genre aux mots sur lesquels les dictionnaires ne sont pas d'accord ; et cette espèce de superfétation ne sera pas sans utilité pour quelques instituteurs, qui, n'ayant qu'un seul dictionnaire, seraient portés à croire que tout ce qui n'y est pas conforme est erroné. Enfin j'ai signalé, soit par des astérisques, soit dans des notes [1], les mots qu'on altère le plus généralement.

Quant à la correction typographique, condition indispensable dans un ouvrage de ce genre, elle a été surveillée avec le plus grand soin ; et j'ose me flatter que ce livre mérite la confiance des maîtres.

Je ne terminerai pas cette préface sans témoigner ma gratitude à M. Lourmand, secrétaire général de la Société des Méthodes d'enseignement, et membre de plusieurs sociétés savantes, qui a eu l'extrême obligeance de m'aider de ses directions pour l'édition de Paris.

---

1. Les astérisques et les lettres en *italique*, employés à indiquer les fautes de prononciation, ont le grand avantage de présenter à l'élève l'expression correcte sans reproduire à ses yeux celle qu'il doit oublier. Les notes ont été réservées aux locutions vicieuses, et aux cas dans lesquels il était à craindre qu'on ne reconnût pas le mot altéré dans le mot corrigé, comme *lévier, corporence, rébarbaratif,* qu'on dit pour *évier, corpulence, rébarbatif.* Pour les substantifs sur le genre desquels on fait généralement erreur, j'ai ajouté l'article après la dénomination, comme *albâtre,* s. m. (le), *antichambre,* s. f. (une).

EXPLICATION

DES ABRÉVIATIONS ET DES SIGNES

EMPLOYÉS DANS CET OUVRAGE.

———

adj.	*signifie*	adjectif.
ex.		exemple.
f.		féminin.
h *asp.*		h *aspirée.*
invar. *ou* inv.		invariable.
l *mouill.*, ll *mouill.*		l *mouillée*, ll *mouillées.*
m.		masculin.
part.		participe.
plur. *ou* pl.		pluriel.
pron. *ou* pr.		prononcez.
subst. *ou* s.		substantif.
s. m.		substantif masculin.
s. f.		substantif féminin.
v. a.		verbe actif.
v. n.		verbe neutre.
v. pron. *ou* v. pr.		verbe pronominal.
vulgair. *ou* vulg.		vulgairement.

L'*astérisque* * précède les mots où l'on se trompe généralement. Les lettres *italiques*, dans ces mots-là, sont destinées à fixer l'attention sur la syllabe où l'on fait erreur : * Caleçon ; * Croup.

Les *crochets* [] renferment les variantes d'orthographe ou de genre : Châle, [schall]; Hortensia, *s. m.* [*s. f.*]

Le signe — représente le mot qui précède dans le texte : Imminent : *danger* —. Le signe - représente une partie seulement de ce mot: Allégresse, [alé-]; Avoine, [-vei-].

Les *parenthèses* ( ) renferment 1° la prononciation : Ingrédient, (pr. *ingrédiant*);— 2° les mots qui doivent précéder le mot principal : Api (pomme d'); — 3° l'article après les mots où l'on fait une faute de genre: Amadou(le); Écritoire (une).

———

TABLE DES MATIÈRES.

Chap. I. De l'Univers. . . . . *Page* 1
II. Métaux et Minéraux. 4
III. Végétaux. 5
IV. Animaux. 9
V. Corps humain. 15
VI. Difformités, Maladies, Décès, etc. 17
VII. Médecine, Pharmacie, Chirurgie. 21
VIII. De l'Ame et des Passions. 22
IX. Vertus et Qualités. 25
X. Défauts, Vices et Crimes. 27
XI. Événements et Accidents. 31
XII. Ages et Parenté. 32
XIII. Prénoms. 33
XIV. Aliments. 34
XV. Vêtements, Parure, etc. 37
XVI. Construction d'un édifice. 39
XVII. Mobilier, Ustensiles, etc. 42
XVIII. Ville. 45
XIX. Gouvernement. 47
XX. Législation. 50
XXI. Commerce. 51
XXII. Industrie. 56
XXIII. Éducation et Instruction. 61
XXIV. Géographie. 63
XXV. Mythologie. 69
XXVI. Personnages célèbres de l'histoire. 70
XXVII. Grammaire, Littérature. 74
XXVIII. Nombres, Mathématiques. 77
XXIX. Astronomie, Physique, Chimie. 80
XXX. Beaux-Arts. 81
XXXI. Fêtes et Amusements. 83
XXXII. Campagne. 85
XXXIII. Voyage et Navigation. 88
XXXIV. Guerre. 89
XXXV. Religion. 93
XXXVI. Temps et Solennités. 96
XXXVII. Adjectifs. 98
XXXVIII. Verbes. 102
XXXIX. Parties invariables du Discours. 110
XL. Règles d'orthographe. 113

FIN DE LA TABLE DES MATIÈRES.

RECUEIL DE MOTS.

DE L'UNIVERS.

Chaos, *s. m.*
création, *s. f.*
univers, *s. m.*
merveille, *s. f.*
ciel, *s. m.*
céleste, *adj.*
soleil, *s. m.*
disque, *s. m.* rondeur apparente d'un astre.
rayon, *s. m.*
solaire, *adj.*
(levant, *s. m.*
orient, *s. m.*
est, *s. m.*
oriental, tale, *adj.*
midi, *s. m.*
sud, *s. m.*
austral, trale, *adj.*
couchant, *s. m.*
occident, *s. m.*
ouest, *s. m.*
occidental, tale, *adj.*
septentrion, *s. m.*
nord, *s. m.*
septentrional, nale, *adj.*
boréal, ale, *adj.*
lune, *s. f.*
lunaire, *adj.*
phase, *s. f.* nom des divers degrés de lumière que présente la lune.
croissant, *s. m.*
décours, *s. m.* décroissement.
éclipse, *s. f.*

terre, *s. f.*
mont, *s. m.*
montagne, *s. f.*
plateau, *s. m.*
sommet, *s. m.*
cime, *s. f.*
pic, *s. m.*
précipice, *s. m.*
roc, *s. m.*
rocher, *s. m.*
sourcilleux, leuse, *adj.* très-élevé.
inaccessible, *adj.*
glacier, *s. m.*
avalanche, *s. f.* masse de neige qui se détache des monts.
volcan, *s. m.*
cratère, *s. m.* bouche d'un volcan.
lave, *s. f.* matière fondue qui en découle.
tremblement, *s. m.* de terre.
commotion, *s. f.*
secousse, *s. f.*
éboulement, *s. m.*
écroulement, *s. m.*
colline, *s. f.*
coteau, *s. m.*
éminence, *s. f.*
monticule, *s. m.* (un)
montée, *s. f.*
pente, *s. f.*
descente, *s. f.*
vallée, *s. f.*
vallon, *s. m.*
défilé, *s. m.* passage étroit.

pays, *s. m.*
région, *s. f.*
contrée, *s. f.*
territoire, *s. m.*
province, *s. f.*
frontière, *s. f.*
limite, *s. f.*
limitrophe, *adj.*
contigu, guë, *adj.*
adjacent, cente, *adj.*
voisin, sine, *adj.*
plaine, *s. f.*
landes, *s. f. pl.* terres arides et presque entièrement incultes.
steppe, *s. m.* désert qui offre des plaines fort élevées.
savane, *s. f.* désert qui offre des plaines basses.
solitude, *s. f.*
désert, *s. m.*
oasis, *s. f.* [*s. m.*] terre fertile au milieu des déserts.
peuplade, *s. f.*
nomade, *adj.* qui n'a pas d'habitation fixe.
horde, *s. f.* (h *asp.*) peuplade errante.
tribu, *s. f.*
cabane, *s. f.*
hutte, *s. f.* (h *asp.*)
cahutte, *s. f.* [-hute]
grotte, *s. f.*
caverne, *s. f.*
antre, *s. m.*
repaire, *s. m.*
tanière, *s. f.*
terrier, *s. m.*

———

eau, *s. f.*
source, *s. f.*
ruisseau, *s. m.*
torrent, *s. m.*
ravin, *s. m.* lit que se creusent les torrents.
ravine, *s. f.* torrent subit qui se précipite des monts.
cascade, *s. f.*
chute, *s. f.*
cataracte, *s. f.*

crue, *s. f.*
inondation, *s. f.*
digue, *s. f.*
canal, *s. m.*
écluse, *s. f.*
rivière, *s. f.*
gué, *s. m.* endroit d'une rivière où l'on peut passer à pied.
guéable, *adj.*
fleuve, *s. m.*
affluent, *s. m.*
jonction, *s. f.*
confluent, *s. m.*
courant, *s. m.*
embouchure, *s. f.*
lac, *s. m.*
lagune, *s. f.* petit lac ou marais.
mer, *s. f.*
Méditerranée, *s. f.*
Océan, *s. m.*
marée, *s. f.*
flux, *s. m.* marée montante.
reflux, *s. m.* marée descendante.
bonace, *s. f.* calme sur mer.
onde, *s. f.*
ondulation, *s. f.*
vague, *s. f.*
flot, *s. m.*
écume, *s. f.*
écueil, *s. m.*
rescif, *s. m.* [récif, ressif], chaîne de rochers à fleur d'eau.
gouffre, *s. m.*
abîme, *s. m.*
rive, *s. f.*
bord, *s. m.*
rivage, *s. m.*
plage, *s. f.* rivage plat et découvert.
grève, *s. f.* rivage uni et sablonneux.
falaise, *s. f.* côte escarpée.
signal, *s. m.*
fanal, *s. m.*; *au pl.* fanaux.
phare, *s. m.* grand fanal.

rade, *s. f.* côte où les navires sont en sûreté.
golfe, *s. m.*
baie, *s. f.* petit golfe.
anse, *s. f.* petite baie.
port, *s. m.*
havre, *s. m.* [hâ-] (h *asp.*)
crique, *s. f.* petit port.
détroit, *s. m.*
cap, *s. m.*
promontoire, *s. m.*
continent, *s. m.*
île, *s. f.*
îlot, *s. m.*
insulaire, *s. m.*
presqu'île, *s. f.*
péninsule, *s. f.*
isthme, *s. m.* | langue de terre qui joint une presqu'île au continent.

---

zone, *s. f.* [zô-]
torride, *adj.* brûlant.
tempéré, rée, *adj.*
glacial, ale, *adj.* au pl. masc. glacials.
climat, *s. m.*
température, *s. f.*
atmosphère, *s. f.* (la)
air, *s. m.*
chaud, chaude, *adj.*
chaleur, *s. f.*
frais, fraîche, *adj.*
fraîcheur, *s. f.*
froid, froide, *adj.*
froidure, *s. f.* — de la saison, d'un climat.
froideur, *s. f.* —du marbre, etc.
vent, *s. m.*
zéphyr, *s. m.* [-phir]
bise, *s. f.*
aquilon, *s. m.* } vent du nord.
autan, *s. m.* vent du midi.
bouffée, *s. f.*
tourbillon, *s. m.*
poussière, *s. f.*

sécheresse, *s. f.*
orage, *s. m.*
ouragan, *s. m.* vent violent sur terre.
météore, *s. m.*
aérolithe, *s. m.* [*s. f.*] pierre tombée du ciel.
éclair, *s. m.* (un)
foudre, *s. f.*
tonnerre, *s. m.*
explosion, *s. f.*
détonation, *s. f.*
fracas, *s. m.*
incendie, *s. m.* (un) feu local.
embrasement, *s. m.* feu général.
combustion, *s. f.*
pluie, *s. f.*
ondée, *s. f.*
averse, *s. f.*
grêle, *s. f.*
trombe, *s. f.*
déluge, *s. m.*
arc-en-ciel, *s. m.* au pl. arcs-en-ciel.
vapeur, *s. f.*
rosée, *s. f.*
serein, *s. m.*
nuée, *s. f.*
nuage, *s. m.*
nébuleux, leuse, *adj.*
brouillard, *s. m.*
brume, *s. f.* brouillard épais sur mer.
intempérie, *s. f.*
frimas, *s. m.* | brouillard épais qui se dépose en givre.
givre, *s. m.*
grésil, *s. m.* (l *mouill.*)
neige, *s. f.*
flocon, *s. m.*
gelée, *s. f.*
glace, *s. f.*
glaçon, *s. m.*
verglas, *s. m.*
dégel, *s. m.*
débâcle, *s. f.*

II. MÉTAUX ET MINÉRAUX.

métal, *s. m.*
ductile, *adj.* qui peut s'allonger.
malléable, *adj.* qui s'étend sous le marteau.
fusible, *adj.* qui peut se fondre.
or, *s. m.*
platine, *s. m.*
argent, *s. m.*
cuivre, *s. m.*
zinc, *s. m.*
laiton, *s. m.*
similor, *s. m.* } alliages divers de cuivre et de zinc.
* chrysocalque, *s. m.*
étain, *s. m.*
bronze, *s. m.*
airain, *s. m.* } alliages de cuivre et d'étain.
plomb, *s. m.*
fer, *s. m.*
ferrugineux, neuse, *adj.*
acier, *s. m.*
gueuse, *s. f.* fer coulé.
tôle, *s. f.* fer battu en feuilles.
fer-blanc, *s. m.*
mercure, *s. m.* vif-argent.
arsenic, *s. m.*
antimoine, *s. m.*
chrome, *s. m.*
vert-de-gris, *s. m.*
vermillon, *s. m.* } combinaisons de mercure.
cinabre, *s. m.*
céruse, *s. f.* } combinaisons de plomb.
litharge, *s. f.*
rouille, *s. f.* (la)
plombagine, *s. f.* } combinaisons de fer.
ocre, *s. f.* [ochre]
émeri, *s. m.* [-ril]

—

minéral, *s. m.*
chaux, *s. f.*
calcaire, *adj.*

alumine, *s. f.*
argile, *s. f.* (la)
glaise, *s. f.*
magnésie, *s. f.*
barite, *s. f.* [-ry-]
silice, *s. f.*
sable, *s. m.*
gravier, *s. m.*
pierre, *s. f.*
caillou, *s. m.*
craie, *s. f.*
marbre, *s. m.* } pierres calcaires.
albâtre, *s. m.* (le)
grès, *s. m.*
quartz, *s. m.* [quarz] (pr. kouarz)
granit, *s. m.* [-nite]
porphyre, *s. m.* } pierres siliceuses.
agate, *s. f.*
jaspe, *s. m.*
cristal, *s. m.*
gemme, *s. f.* nom des pierres précieuses.
diamant, *s. m.*
rubis, *s. m.* rouge.
saphir, *s. m.* bleu.
turquoise, *s. f.* bleu clair verdâtre.
émeraude, *s. f.* verte.
prase, *s. f.* verte.
aigue-marine, *s. f.* vert de mer.
béryl, *s. m.* bleu.
topaze, *s. f.* jaune.
améthyste, *s. f.* violette.
hyacinthe, *s. f.* orangée.
onyx, *s. m.* blanc et brun.
opale, *s. f.* de couleur laiteuse.
cornaline, *s. f.* rouge ou blanche.
grenat, *s. m.* rouge foncé.
asbeste, *s. m.* minéral fibreux.
amiante, *s. m.* (le)
talc, *s. m.* pierre en lames.

} pierres précieuses.

tourbe, *s.f.* terre combustible.
tourbière, *s.f.*
houille, *s.f.* (h *asp.*) charbon de terre.
houillère, *s.f.* (h *asp.*)
coke, *s. m.* charbon de terre purifié.
pétrification, *s.f.*
fossile, *s. m.* et *adj.* corps pétrifié.
bitume, *s. m.*
naphte, *s.f.*
jais *ou* jaïet, *s. m.* pierre noire bitumineuse.
concrétion, *s.f.* réunion de parties en masse solide.
stalactite, *s.f.* concrétion calcaire.
sel, *s. m.*

alcali, *s. m.* [-ka-] sel tiré des cendres.
potasse, *s.f.*
soude, *s.f.*
ammoniaque, *s.f.*
ammoniac, aque, *adj.*
nitre, *s. m.*
salpêtre, *s. m.*
alun, *s. m.*
borax, *s. m.*
vitriol, *s. m.*
couperose, *s.f.*
soufre, *s. m.*
sulfureux, reuse, *adj.*

III. VÉGÉTAUX.

plante, *s.f.*
indigène, *adj.* du pays.
exotique, *adj.* étranger.
germe, *s. m.*
sève, *s.f.*
végétation, *s.f.*
accroissement, *s. m.*
graine, *s.f.*
grain [1], *s. m.*
céréales, *s.f. pl.*
blé, *s. m.*
épi, *s. m.*
paille, *s.f.*
fétu, *s. m.* brin de paille.
chaume, *s. m.*
nielle, *s.f.*
carie, *s.f.* maladie des blés.
brouissure, *s.f.* dommage causé aux plantes par la gelée.
froment, *s. m.*
seigle, *s. m.*
méteil, *s. m.* mélange de froment et de seigle.
orge, *s.f.* et *m.* [2]

ivraie, *s.f.* sorte de mauvaise herbe qui croît parmi les blés.
sarrasin, *s. m.* blé noir.
maïs, *s. m.* blé de Turquie.
mil, *s. m.* (1 *mouill.*)
millet, *s. m.* (ll *mouill.*)
riz, *s. m.* [ris]
avoine, *s.f.* [-vei-]
trèfle, *s. m.*
sainfoin, *s. m.*
éparcet, *s. m.*
luzerne, *s. f.*
foin, *s. m.* produit des prés.
fourrage [3], *s. m.* produit des prairies artificielles.
regain, *s. m.* herbe qui croît après la coupe.
colza, *s. m.* [-zat, -sa]
navette, *s.f.*
chenevis, *s. m.* [chè-, ché-]
chanvre, *s. m.*
lin, *s. m.*
ortie, *s.f.*
houblon, *s. m.* (h *asp.*)

———

1. *Grains* (céréales) se dit des graines dont on fait du pain. 2. *Orge* n'est masc. que dans les locutions *orge mondé, orge perlé.* 3. On appelle *fourrages-racines* les betteraves, les raves, les carottes, etc.

légume, s. m.
| cosse, s. f.
| gousse, s. f.
pois, s. m.
fève, s. f.
haricot, s. m. (h *asp.*)
*lentille, s. f.
cerfeuil, s. m.
persil, s. m.
ache, s. f. espèce de persil.
bourrache, s. f.
fumeterre, s. f.
pissenlit, s. m.
épinards, s. m. pl.
pourpier, s. m.
| mâche, s. f.
| doucette, s. f.
raiponce, s. f.
oseille, s. f.
laitue, s. f.
romaine, s. f.
chicorée, s. f.
escarole, s. f. [sca-]
céleri, s. m.
roquette, s. f.
estragon, s. m.
asperge, s. f.
artichaut, s. m.
cardon, s. m.
citrouille, s. f.
courge, s. f.
*potiron, s. m.
melon, s. m.
sucrin, adj. m. melon—, qui a le goût du sucre.
cantaloup, s. m.
pastèque, s. f. melon d'eau.
concombre, s. m.
cornichon, s. m.
tomate, s. f. espèce de pomme d'amour.
| scorsonère, s. f.
| salsifis, s. m.

carotte, s. f.
| blette, s. f.
| poirée, s. f.
navet, s. m.
panais, s. m.
betterave, s. f.
rave, s. f.
raifort, s. m.
radis, s. m.
chou, s. m.
cabus, adj. m. pommé.
chou-fleur, s. m. au pl. choux-fleurs.
ognon, s. m. [oignon]
ciboule, s. f.
ciboulette, s. f.
échalote, s. f. [-lotte]
ail, s. m.; au pl. aulx.
porreau, s. m. [poireau]

———

fleur, s. f.
corolle, s. f.
pétale, s. m. (un)
anthère, s. f.
étamine, s. f.
pistil, s. m.
calice, s. m.
pédoncule, s. m. queue d'une fleur, d'un fruit.
perce-neige, s. f. (une)
primevère, s. f.
violette, s. f.
| marguerite, s. f.
| pâquerette, s. f.
anémone, s. f.
jacinthe, s. f. [hya-]
jonquille, s. f.
narcisse, s. m. (le)
tubéreuse, s. f.
muguet, s. m.
saxifrage, s. f.
pivoine, s. f. (la)
dauphinelle, s. f.

parties de la fleur.

clématite, *s. f.*
pervenche, *s. f.*
tulipe, *s. f.*
iris, *s. m.* [*s. f.*]
lis, *s. m.*
julienne, *s. f.*
(giroflée, *s. f.*
(quarantaine, *s. f.*
(*bluet, *s. m.*
(barbeau, *s. m.*
pavot, *s. m.*
coquelicot, *s. m.*
rose, *s. f.*
églantine, *s. f.* rose sauvage.
œillet, *s. m.*
réséda, *s. m.*
basilic, *s. m.*
héliotrope, *s. m.*
géranium [1], *s. m.*
hortensia, *s. m.* [*s. f.*]
dahlia, *s. m.*
camellia, *s. m.* [*s. f.*]
balsamine, *s. f.* (pr. *balza-*)
capucine, *s. f.*
tournesol, *s. m.*
liseron, *s. m.* ou clochette.
thym, *s. m.* [thim]
serpolet, *s. m.*
amarante, *s. f.*
immortelle, *s. f.*
chardon, *s. m.*
mousse, *s. f.*
agaric, *s. m.* espèce de champignon.

———

arbre, *s. m.*
arbrisseau, *s. m.*
arbuste, *s. m.*
racine, *s. f.*
tige, *s. f.*
tronc, *s. m.*

aubier, *s. m.* bois tendre près de l'écorce.
écorce, *s. f.*
branche, *s. f.*
rameau, *s. m.*
feuille, *s. f.*
pétiole, *s. m.* (pr. *-cio-*) queue de la feuille.
feuillage, *s. m.*
fruit, *s. m.*
(précoce, *adj.*
(hâtif, tive, *adj.* (h *asp.*)
tardif, dive, *adj.*
mûr, mûre, *adj.*
maturité, *s. f.*
acabit, *s. m.* (le)
espalier, *s. m.*
(ente, *s. f.*
(greffe, *s. f.*
bourgeon, *s. m.*
(rejeton, *s. m.*
(plant, *s. m.*
(scion, *s. m.*
surgeon, *s. m.* rejeton au pied de l'arbre.
bouture, *s. f.* rejeton coupé et mis en terre.
*marcotte, *s. f.* rejeton couché en terre.
framboise, *s. f.*
groseille, *s. f.*
groseillier, *s. m.*
cacis, *s. m.* [cassis]
cerise, *s. f.*
noyau, *s. m.*
guigne, *s. f.*
bigarreau, *s. m.*
merise, *s. f.*
griotte, *s. f.*
abricot, *s. m.*
prune, *s. f.*
reine-claude, *s. f.*
mirabelle, *s. f.*
perdrigon, *s. m.*
pruneau, *s. m.*

1. Ne dites pas *généranium*.

pêcher, *s. m.*
mûrier, *s. m.*
poire, *s. f.*
pepin, *s. m.*
pulpe, *s. f.* chair du fruit.
pelure, *s. f.*
crassane [1], *s. f.*
mouille-bouche, *s. f.*
rousselet, *s. m.*
beurré, *s. m.*
messire-jean, *s. m.*
muscadelle, *s. f.*
martin-sec, *s. m.*
virgouleuse, *s. f.*
pomme, *s. f.*
rainette, *s. f.* [rei-]
capendu, *s. m.*
calville, *s. m.*
api, *s. m.* (pomme d')
{sorbe, *s. f.*
{corme, *s. f.*
*nèfle, *s. f.*
coing, *s. m.* [coin]
cognassier, *s. m.* [coi-]
noyer, *s. m.*
noix, *s. f.*
cerneau, *s. m.*
brou, *s. m.* } enveloppe verte de la coquille.
*écale, *s. f.* }
{coque, *s. f.*
{coquille, *s. f.*
zeste, *s. m.* cloison qui partage la noix en quatre.
noisetier, *s. m.*
coudrier, *s. m.* noisetier sauvage.
noisette, *s. f.*
aveline, *s. f.* grosse noisette.
amande, *s. f.*
figue, *s. f.*
châtaignier, *s. m.*
châtaigne, *s. f.*

vigne, *s. f.*
souche, *s. f.*
cep, *s. m.*
crossette, *s. f.* bouture de cep.
provin, *s. m.* rejeton de vigne couché en terre.
sarment, *s. m.*
cirrhe, *s. m.* }
vrille, *s. f.* } filament de vigne en tire-bouchon.
pampre, *s. m.*
grappe, *s. f.*
raisin, *s. m.*
chasselas, *s. m.*
muscat, *adj.* et *s. m.*

————

forêt, *s. f.*
futaie, *s. f.* forêt de grands arbres.
taillis, *s. m.* forêt en coupe réglée.
chêne, *s. m.*
gland, *s. m.*
galle, *s. f.* | noix de —, excroissance sur les feuilles de chêne.
yeuse, *s. f.* espèce de chêne.
aune, *s. m.* [aulne]
ormeau, *s. m.*
peuplier, *s. m.*
tremble, *s. m.*
hêtre, *s. m.* (h *asp.*)
faine, *s. f.* [faî-] fruit du hêtre.
frêne, *s. m.*
tilleul, *s. m.*
érable, *s. m.*
bouleau, *s. m.*
saule, *s. m.*
osier, *s. m.*
oseraie, *s. f.* lieu planté d'osiers.
if, *s. m.*
pin, *s. m.*
sapin, *s. m.*
mélèze, *s. m.* [-lèse]
cyprès, *s. m.*
houx, *s. m.* (h *asp.*)

1. Vulgairement, *cresane.*

buis, *s. m.*
troène, *s. m.* frésillon.
nerprun [1], *s. m.*
genêt, *s. m.*
chèvre-feuille, *s. m.*
alizier, *s. m.* [-sier]
genévrier, *s. m.* [genevrier, genièvre]
genièvre, *s. m.* [-nè-]
* épine-vinette, *s. f.*
aubépine [2], *s. f.* épine-blanche.
prunellier, *s. m.* épine-noire.
prunelle, *s. f.*
ronce, *s. f.*
mûron, *s. m.* [meu-] fruit de la ronce.
lauréole, *s. f.*
garou, *s. m.* bois-gentil.
fusain, *s. m.*
gui, *s. m.*
bruyère, *s. f.*
buisson, *s. m.*
broussailles, *s. f. pl.*

Arbres exotiques.

baobab, *s. m.* arbre géant.
bananier, *s. m.* figuier d'Adam.
palmier, *s. m.*
dattier, *s. m.*
datte, *s. f.*
cocotier, *s. m.*
coco, *s. m.*
oranger, *s. m.*
bergamote, *s. f.* orange très-odorante.
bigarade, *s. f.* orange aigre.
citronnier, *s. m.*
cédrat, *s. m.* espèce de citronnier.

cacaoier, *s. m.* [-oyer, -otier]
cacao, *s. m.*
cafier, *s. m.* [-féier, -feyer]
ananas, *s. m.*
grenadier, *s. m.*
olivier, *s. m.*
laurier, *s. m.*
myrte, *s. m.*
jasmin, *s. m.*
lilas, *s. m.*
seringat, *s. m.* [syringa]
sumac, *s. m.*
baguenaudier, *s. m.*
robinier, *s. m.*
aloès, *s. m.*
* acacia, *s. m.*
mimosa, *s. m.* [*s. f.*]
sensitive, *s. f.*
catalpa, *s. m.*
platane, *s. m.*
plane, *s. m.*
marronnier, *s. m.* [-ronier]
cèdre, *s. m.*
sycomore, *s. m.* figuier d'Égypte.

———

gomme, *s. f.*
résine, *s. f.*
laque, *s. f.*
ambre, *s. m.* gris, employé pour les parfums.
succin, *s. m.* ambre jaune.
copal, *s. m.*
benjoin, *s. m.* (pr. *bin-*)
térébenthine, *s. f.*
caoutchouc, *s. m.* gomme élastique.

IV. ANIMAUX.

animal, *s. m.*
bête, *s. f.*
brute, *s. f.*

mâle, *s. m.*
femelle, *s. f.*
vivipare, *adj.* qui fait ses petits tout vivants.

———

1. Vulgair. noirprun. 2. Noble épine.

ovipare, *adj.* qui se reproduit par des œufs.
quadrupède, *s. m.* (pr. *koua-*)
bipède, *s. m.* animal à deux pieds.
volatile, *s. m.*
reptile, *s. m.*
amphibie, *adj.*
aquatique, *adj.* (pr. -*koua-*)
vorace, *adj.*
carnassier, ère, *adj.*
carnivore, *adj.*
insectivore, *adj.*
frugivore, *adj.*
herbivore, *adj.*

MAMMIFÈRES.

singe, *s. m.*
orang-outang, *s. m.*
jocko, *s. m.*
guenon, *s. f.*
babouin, *s. m.*
mandrill, *s. m.*
sapajou, *s. m.* } quadrumanes.
chauve-souris, *s. f.* } carnassiers.
vampire, *s. m.*
hérisson, *s. m.* (h *asp.*)
taupe, *s. f.*
musaraigne, *s. f.* | souris des champs à long museau. } insectivores.
ours, ourse, *subst.*
blaireau, *s. m.*
taisson, *s. m.*
fouine, *s. f.*
putois, *s. m.*
furet, *s. m.*
belette, *s. f.*
marte *ou* martre, *s. f.*
hermine, *s. f.*
zibeline, *s. f.*
loutre, *s. f.*
chien, chienne, *subst.*
mâtin, *s. m.*
dogue, *s. m.*
lévrier, *s. m.* } carnivores.

levrette, *s. f.*
barbet, bette, *subst.*
caniche, *s. m.*
épagneul, gneule, *subst.*
loup, louve, *subst.*
louveteau, *s. m.*
chacal, *s. m.* loup doré.
renard, *s. m.*
civette, *s. f.*
hyène, *s. f.* [hiè-]
chat, chatte, *subst.*
* angora, *s. m.*
lion, onne, *subst.*
lionceau, *s. m.*
tigre, gresse, *subst.*
panthère, *s. f.*
léopard, *s. m.*
lynx, *s. m.* loup cervier. } carnivores.
phoque, *s. m.* } amphibies.
morse, *s. m.*
castor, *s. m.*
rat, *s. m.*
souris, *s. f.*
souriceau, *s. m.*
mulot, *s. m.*
loir, *s. m.*
marmotte, *s. f.*
écureuil, *s. m.*
porc-épic, *s. m.*
lièvre, *s. m.*
levraut, *s. m.* [-vreau]
lapin, *s. m.*
lapereau, *s. m.* } rongeurs.
éléphant, *s. m.*
hippopotame, *s. m.*
cochon, *s. m.*
porc, *s. m.*
pourceau, *s. m.*
sanglier, *s. m.*
laie, *s. f.* femelle du sanglie
rhinocéros, *s. m.* } pachydermes, ou à peau épaisse.

cheval, *s. m.*
jument, *s. f.*
poulain, *s. m.*
bai, baie, *adj.* rouge-brun.
alezan, zane, *adj.* roux.
coursier, *s. m.*
haridelle, *s. f.* (h *asp.*)
rosse, *s. f.*
âne, nesse, *subst.*
mulet, *s. m.*
zèbre, *s. m.* } pachydermes, ou à peau épaisse.

chameau, *s. m.* a deux bosses.
dromadaire, *s. m.* n'en a qu'une.
lama, *s. m.*
chevrotain, *s. m.*
vigogne, *s. f.* } ruminants sans cornes.

cerf, *s. m.*
biche, *s. f.*
faon, *s. m.* (pr. *fan*)
renne, *s. m.* [*s. f.*]
daim, daine, *subst.*
chevreuil, *s. m.*
girafe, *s. f.*
antilope, *s. f.* [*s. m.*]
gazelle, *s. f.*
chamois, *s. m.* } ruminants avec cornes.

bouc, *s. m.*
chèvre, *s. f.*
cabri, *s. m.*
chevreau, *s. m.*
bouquetin, *s. m.* boue sauvage.
bélier, *s. m.*
mouton, *s. m.*
brebis, *s. f.*
agneau, *s. m.*
taureau, *s. m.*
bœuf, *s. m.* (au pl. pron. *bou*)
vache, *s. f.*
veau, *s. m.*
génisse, *s. f.*
buffle, *s. m* } ruminants à cornes creuses.

dauphin, *s. m.*
marsouin, *s. m.*
baleine, *s. f.* } cétacés.

OISEAUX.

vautour, *s. m.*
griffon, *s. m.*
faucon, *s. m.*
aigle, *s. m.* (un)
autour, *s. m.*
épervier, *s. m.*
milan, *s. m.*
buse, *s. f.* } oiseaux de proie.

hibou, *s. m.* (h *asp.*)
chouette, *s. f.*
effraie, *s. f.* hibou des clochers.
chat-huant, *s. m.* } oiseaux de nuit.

pie-grièche, *s. f.*
merle, *s. m.*
grive, *s. f.*
loriot, *s. m.*
fauvette, *s. f.*
rossignol, *s. m.*
roitelet, *s. m.*
mésange, *s. f.*
hoche-queue, *s. m.* (h *asp.*)
bergeronnette, *s. f.*
hirondelle, *s. f.*
martinet, *s. m.*
ortolan, *s. m.*
{ passereau, *s. m.*
{ moineau, *s. m.*
pinson, *s. m.*
chardonneret, *s. m.*
linot, notte, *subst.*
serin, rine, *subst.*
canari, *s. m.*
verdier, *s. m.*
{ bouvreuil, *s. m.*
{ pivoine, *s. m.*
{ étourneau, *s. m.*
{ sansonnet, *s. m.* } passereaux.

corbeau, *s. m.*
corneille, *s. f.*
pie, *s. f.*
geai, *s. m.*
grimpereau, *s. m.*
colibri, *s. m.*
pivert, *s. m.* [pic-vert]
coucou, *s. m.*
perroquet, *s. m.*
perruche, *s. f.*
paon, *s. m.* (pr. *pan*)
dindon, *s. m.*
dinde, *s. f.*
faisan, *s. m.*
coq, *s. m.*
poule, *s. f.*
poussin, *s. m.*
poulet, *s. m.*
poulette, *s. f.*
pintade, *s. f.* [pein-]
perdrix, *s. f.*
perdreau, *s. m.*
gelinotte, *s. f.* sorte de perdrix.
caille, *s. f.*
pigeon, *s. m.*
ramier, *s. m.*
colombe, *s. f.*
tourterelle, *s. f.*
autruche, *s. f.*
casoar, *s. m.*
héron, *s. m.* (h *asp.*)
cigogne, *s. f.*
grue, *s. f.*
outarde, *s. f.*
bécasse, *s. f.*
bécassine, *s. f.*
pluvier, *s. m.*
vanneau, *s. m.*
alouette, *s. f.*
plongeon, *s. m.*
grèbe, *s. m.* plongeurs.

pélican, *s. m.*
cormoran, *s. m.*
canard, *s. m.;* au fém. cane.
halbran, *s. m.* (h asp.) jeune canard sauvage.
cygne, *s. m.*
jars, *s. m.* mâle de l'oie.
oie, *s. f.*
oison, *s. m.*
macreuse, *s. f.*
sarcelle, *s. f.*

REPTILES.

tortue, *s. f.*
* crocodile, *s. m.*
caïman, *s. m.*
lézard, *s. m.*
caméléon, *s. m.*
serpent, *s. m.*
boa, *s. m.*
couleuvre, *s. f.*
hydre, *s. f.*
vipère, *s. f.*
aspic, *s. m.*
orvet, *s. m.*
grenouille, *s. f.*
têtard, *s. m.* petit de la grenouille.
crapaud, *s. m.*
salamandre, *s. f.*

POISSONS.

requin, *s. m.*
raie, *s. f.*
torpille, *s. f.*
esturgeon, *s. m.*
saumon, *s. m.*
éperlan, *s. m.*
truite, *s. f.*
hareng, *s. m.* (h *asp.*)
saur *ou* sauret, *adj. m.* hareng—, fumé.
sardine, *s. f.*
alose, *s. f.*
anchois, *s. m.*
brochet, *s. m.*

carpe, *s. f.*
barbeau, *s. m.*
goujon, *s. m.*
perche, *s. f.*
tanche, *s. f.*
{ rosse, *s. f.*
{ gardon ¹, *s. m.*
{ morue, *s. f.*
{ cabillaud, *s. m.* [cabliau, cabéliau]
merlan, *s. m.*
merluche, *s. f.*
*limande, *s. f.*
turbot, *s. m.*
sole, *s. f.*
murène, *s. f.*
anguille, *s. f.*
maquereau, *s. m.*
thon, *s. m.*

MOLLUSQUES.

sèche, *s. f.* [sei-]
nautile, *s. m.*
limace, *s. f.*
{ limaçon, *s. m.*
{ escargot, *s. m.*
murex, *s. m.* | coquillage qui donne la couleur pourpre.
huître, *s. f.*
moule, *s. f.*
sangsue, *s. f.*

CRUSTACÉS.

crabe, *s. m.* (un)
écrevisse, *s. f.*
homard, *s. m.* (h *asp.*)
langouste, *s. f.*
cloporte ², *s. m.*

INSECTES.

araignée, *s. f.*
tarentule, *s. f.* grosse araignée venimeuse.
scorpion, *s. m.*
ciron, *s. m.*
mite, *s. f.*

scolopendre, *s. f.* mille-pieds.
pou, *s. m.*
puce, *s. f.*
lampyre, *s. m.* ver-luisant.
escarbot, *s. m.*
scarabée, *s. m.*
hanneton, *s. m.* (h *asp.*)
cerf-volant, *s. m.* au pl. cerfs-volants
cantharide, *s. f.*
charanson, *s. m.* [-çon]
calandre, *s. f.*
capricorne, *s. m.*
perce-oreille, *s. m.*
sauterelle, *s. f.*
{ grillon, *s. m.*
{ cri-cri, *s. m.*
courtilière, *s. f.* [-tilli-]
punaise, *s. f.*
cigale, *s. f.*
puceron, *s. m.*
cochenille, *s. f.* insecte qui donne l'écarlate
libellule, *s. f.* *ou* demoiselle.
fourmi-lion, *s. m.*
fourmi, *s. f.*
fourmilière, *s. f.* [-milli-]
guêpe, *s. f.*
frélon, *s. m.* [frê-, fre-]
bourdon, *s. m.*
abeille, *s. f.*
essaim, *s. m.*
ruche, *s. f.*
alvéole, *s. m.* (un)
ver, *s. m.*
vermisseau, *s. m.*
larve, *s. f.* insecte sortant de l'œuf.
chenille, *s. f.*
ver-à-soie, *s. m.* au pl. vers-à-soie.
chrysalide, *s. f.*
transformation, *s. f.*
métamorphose, *s. f.*

---

1. Dites : *frais comme un* gardon, *et non, comme un* cardon. 2. Vulgair. *clou à porte.*

papillon, *s. m.*

sphinx, *s. m.* |papillon qui ne se montre qu'au crépuscule.

phalène, *s. f.* papillon de nuit.

teigne, *s. f.*

gerce, *s. f.* larve de la teigne des pelleteries.

moucheron, *s. m.*

cousin, *s. m.*

taon, *s. m.* (pr. *tan* ou *ton*)

ZOOPHYTES.

astérie, *s. f.* étoile de mer.

oursin, *s. m.*

polype, *s. m.*

corail, *s. m.*

madrépore, *s. m.*

———

hure, *s. f.* (h *asp.*) tête coupée de sanglier, etc.

museau, *s. m.*

groin, *s. m.*

mufle, *s. m.* extrémité du museau.

naseau, *s. m.*

gueule, *s. f.*

encolure, *s. f.* |partie qui s'étend de la tête |aux épaules.

garrot, *s. m.* partie supérieure aux épaules.

crinière, *s. f.*

crin, *s. m.*

poil, *s. m.*

fanon, *s. m.* |peau sous l'encolure du bœuf. |barbe de baleine.

poitrail, *s. m.*

croupe, *s. f.*

queue, *s. f.*

mamelle, *s. f.*

pate, *s. f.* [patte]

griffe, *s. f.*

serres, *s. f. pl.* griffes des oiseaux de proie.

*ergot, *s. m.*

plumage, *s. m.*

huppe, *s. f.* (h *asp.*) touffe de plumes.

crête, *s. f.*

bec, *s. m.*

gésier[1], *s. m.* second estomac des oiseaux.

aile, *s. f.*

*envergure, *s. f.* étendue des ailes déployées

vol, *s. m.*

essor, *s. m.*

nid, *s. m.*

aire, *s. f.* nid des grands oiseaux de proie

œuf, *s. m.* (au pl. pron. *œu*)

ponte, *s. f.*

écaille, *s. f.*

arête, *s. f.*

nageoire, *s. f.*

ouïes, *s. f. pl.* } organes respiratoires

branchies, *s. f. pl.* } des poissons.

épizootie, *s. f.* maladie contagieuse des bestiaux.

clavelée, *s. f.* }

tournis, *s. m.* } maladies des moutons.

* pépie, *s. f.* maladie des oiseaux

———

Cris des animaux.

ramage	se dit	des oiseaux en général.
gazouillement		de l'hirondelle.
roucoulement		du pigeon.
gloussement		de la poule.
croassement		du corbeau.
bourdonnement		de l'abeille.
sifflement		du serpent, etc.
coassement		de la grenouille.
*mi*au*lement		du chat.
glapissement		du renard, etc.
hurlement (h *asp.*)		du loup, du chien.
jappement		du petit chien.
aboiement		du chien.
bêlement		de la brebis.
hennissement	(pr. *le hani-*) du cheval.
braiment	} de l'âne.
braire (le)	}
beuglement		du bœuf.
mugissement		du taureau.
rugissement		du lion

[1]. Vulgair. *gigier.*

V. CORPS HUMAIN.

corps, *s. m.*

tête, *s. f.*

chauve, *adj.*

chenu, nue, *adj.* blanc de vieillesse.

cerveau, *s. m.*

crâne, *s. m.*

cheveu, *s. m.*

postiche, *adj.*

blond, blonde, *adj.*

roux, rousse, *adj.*

châtain, *adj. m.*

brun, brune, *adj.*

tempe, *s. f.*

front, *s. m.*

ride, *s. f.*

face, *s. f.*

visage, *s. m.*

minois, *s. m.*

physionomie, *s. f.*

teint, *s. m.*

vermeil, meille, *adj.*

pâle, *adj.*

blême, *adj.*

blafard, farde, *adj.* d'un blanc terne.

hâlé, lée, *adj.* (h *asp.*) noirci par le soleil.

joue, *s. f.*

joufflu, flue, *adj.*

œil, *s. m.*; au *pl.* yeux.

hagard, de, *adj.* (h asp.) égaré et farouche.

orbite, *s. f.* (la) creux de l'œil.

iris, *s. m.* partie colorée de l'œil.

pupille, *s. f.* {

prunelle, *s. f.* {rond noir au centre de l'iris.

paupière, *s. f.*

cil, *s. m.*

sourcil, *s. m.* (pr. *sourci*)

nez, *s. m.*

aquilin, *adj. m.* en bec d'aigle.

{camus, muse, *adj.*

{camard, marde, *adj.*

narine, *s. f.*

oreille, *s. f.*

tympan, *s. m.* membrane intérieure de l'oreille.

bouche, *s. f.*

lèvre, *s. f.*

palais, *s. m.*

langue, *s. f.*

mâchoire, *s. f.*

gencive, *s. f.*

dent [1], *s. f.*

incisive, *adj.* et *s. f.* dent —, de devant.

canine, *adj.* et *s. f.* dent —, de côté.

molaire, *adj.* et *s. f.* {dent —, du fond de la bouche.

tartre, *s. m.* (le) concrétion autour des dents.

menton, *s. m.*

cou, *s. m.*

gosier, *s. m.*

gorge, *s. f.*

luette, *s. f.* {languette de chair à l'entrée du gosier.

nuque, *s. f.*

épaule, *s. f.*

omoplate, *s. f.* os plat et large de l'épaule.

aisselle, *s. f.* creux sous le bras.

corsage, *s. m.* {forme du corps depuis les épaules jusqu'aux hanches.

dos, *s. m.*

échine, *s. f.* épine du dos.

reins, *s. m. pl.*

flanc, *s. m.*

côte, *s. f.*

sein, *s. m.*

poitrine, *s. f.*

{souffle, *s. m.*

{haleine, *s. f.*

thorax, *s. m.* cavité de la poitrine.

1. Dites: *les dents* percent, viennent à *cet enfant*, et non, *cet enfant* fait *ses dents.*

estomac, *s. m.* (pr. *-ma*)
*digestion, *s. f.*
nutrition, *s. f.*
viscère, *s. m.* organe où se forment les humeurs.
cœur, *s. m.*
poumon, *s. m.*
foie, *s. m.* viscère destiné à séparer la bile du sang.
rate, *s. f.*
(intestins, *s. m. pl.*
(entrailles, *s. f. pl.*
(ventre, *s. m.*
(panse, *s. f.*
abdomen, *s. m.* bas-ventre.
membre, *s. m.*
bras, *s. m.*
coude, *s. m.*
poing, *s. m.*
poignet, *s. m.*
main, *s. f.*
doigt, *s. m.*
pouce, *s. m.*
phalange, *s. f.* petit os entre les articulations.
articulation, *s. f.* jointure des os.
ongle, *s. m.* (un)
hanche, *s. f.* (h *asp.*)
genou, *s. m.*
rotule, *s. f.* petit os rond du genou.
jarret, *s. m.* le derrière du genou.
jambe, *s. f.*
mollet, *s. m.*
pied, *s. m.*
coude-pied, *s. m.* [cou-de-pied]
orteil, *s. m.*
os, *s. m.*
moelle, *s. f.*
chair, *s. f.*
muscle, *s. m.*
fibre, *s. f.* (une) filet délié des muscles.
tendon, *s. m.* extrémité compacte des muscles.
nerf, *s. m.* filet blanc de la nature de la moelle.
membrane, *s. f.* peau mince et nerveuse.

cartilage, *s. m.* partie moins dure que l'os.
peau, *s. f.*
épiderme, *s. m.* (le) peau extérieure.
pore, *s. m.* trou imperceptible de la peau.
humeur, *s. f.*
sang, *s. m.*
bile, *s. f.*
fiel, *s. m.*
circulation, *s. f.* mouvement du sang.
artère, *s. f.* porte le sang du cœur aux extrémités.
veine, *s. f.* ramène le sang des extrémités au cœur.
pouls, *s. m.*
pulsation, *s. f.* battement du pouls.
palpitation, *s. f.*

———

vie, *s. f.*
vital, tale, *adj.* qui produit ou entretient la vie.
être, *s. m.*
existence, *s. f.*
organe, *s. m.* (un) partie du corps servant aux sensations.
sensation, *s. f.*
sens, *s. m.*
toucher, *s. m.*
attouchement, *s. m.*
goût, *s. m.*
odorat, *s. m.*
ouïe, *s. f.*
voix, *s. f.*
sonore, *adj.*
rauque, *adj.* rude, enroué.
cri, *s. m.*
discordant, dante, *adj.*
vue, *s. f.*
regard, *s. m.*
clin d'œil, *s. m.* [clin-d'œil]
coup d'œil, *s. m.*
aspect, *s. m.*
extérieur, *s. m.*
prestance, *s. f.* bonne mine accompagnée de dignité.
maintien, *s. m.*
contenance, *s. f.*

posture, *s. f.*

attitude, *s. f.*

geste, *s. m.*

mouvement, *s. m.*

————

stature, *s. f.* hauteur de la taille.

taille, *s. f.*

svelte, *adj.* élancé.

grand, grande, *adj.*

gigantesque, *adj.* de géant.

*géant, an*te*, subst.*

petit, tite, *adj.*

trapu, pue, *adj.* gros et court.

*nain, na*ine* [1], *subst.*

pygmée, *s. m.* |homme de 18 pouces de haut |suivant la Fable.

maigreur, *s. f.*

maigrelet, lette, *adj.*

gras, grasse, *adj.*

graisse, *s. f.*

grosseur, *s. f.*

gros, grosse, *adj.*

replet, plète, *adj.* trop gras.

embonpoint, *s. m.*

corpulence [2], *s. f.*

corpulent, lente, *adj.*

joli, lie, *adj.*

mignon, gnonne, *adj.*

beau, bel, belle, *adj.*

beauté, *s. f.*

attraits, *s. m. pl.*

appas, *s. m. pl.*

laideron [3], *s. f.*

grimace, *s. f.*

laid, laide, *adj.*

vilain, laine, *adj.*

hideux, deuse, *adj.* (h *asp.*)

force, *s. f.*

vigueur, *s. f.*

vigoureux, reuse, *adj.*

souplesse, *s. f.*

|adresse, *s. f.*

|dextérité, *s. f.*

agile, *adj.*

leste, *adj.*

ingambe, *adj.* leste, léger, alerte.

sain, saine, *adj.*

dispos, *adj. m.*

alerte, *adj.*

gauche, *adj.*

maladroit, droite, *adj.* [mal-adroit]

VI. DIFFORMITÉS, MALADIES, DÉCÈS, ETC.

difforme, *adj.*

goîtreux, treuse, *adj.*

bossu, sue, *adj.*

boiteux, teuse, *adj.*

bancal, cale, *adj.*

cagneux, se, *adj.* |qui a les genoux tour-|nés en dedans.

estropié, ée, *adj.*

manchot, chote, *adj.*

impotent, te, *adj.* |privé de l'usage de |quelque membre.

perclus, cluse, *adj.* |privé de l'usage de |tous ses membres.

presbyte, *adj.* qui ne voit que de loin.

myope, *adj.* qui ne voit que de près.

louche, *adj.*

strabisme, *s. m.* état de celui qui louche

borgne, *adj.*

ophthalmie, *s. f.* [-tal-] inflammation de l'œil

orgeolet, *s. m.* [-ge-]

chassie, *s. f.* humeur aux paupières.

aveugle, *adj.*

cécité, *s. f.* état d'un aveugle.

bègue, *adj.*

bégaiement, *s. m.*

———

1. Dites également : *une rose naine.* 2. Vulgair. *corporence.* 3. Dites : *une petite laideron*, et non *un petit laideron*, *une petite laideronne.*

muet, ette, *adj.*

mutisme, *s. m.* état d'un muet.

sourd, sourde, *adj.*

surdité, *s. f.*

———

rousseurs, *s. f. pl.*

*gerçure, *s. f.* petite crevasse à la peau.

excroissance, *s. f.*

verrue, *s. f.*

durillon, *s. m.*

cor, *s. m.*

loupe, *s. f.* tumeur non douloureuse.

panaris, *s. m.* mal de doigt.

engelure, *s. f.*

mules, *s. f. pl.* engelures aux talons.

écharde [1], *s. f.*

piqûre, *s. f.*

morsure, *s. f.*

venin, *s. m.*

*venimeux, se, *adj.* se dit des animaux.

vénéneux, se, *adj.* se dit des plantes.

ampoule, *s. f.*

démangeaison, *s. f.*

cuisson, *s. f.*

irritation, *s. f.*

enflure, *s. f.*

bouffissure, *s. f.*

bouffi, fie, *adj.*

entorse, *s. f.*

luxation, *s. f.* déboîtement d'un os.

{ contusion, *s. f.*

{ meurtrissure, *s. f.*

ecchymose, *s. f.* | tache livide causée par une meurtrissure.

fracture, *s. f.*

esquille, *s. f.* éclat d'os.

brûlure, *s. f.*

éraflure, *s. f.* légère écorchure.

blessure, *s. f.*

estafilade, *s. f.* large coupure.

balafre, *s. f.* | cicatrice d'une blessure profonde au visage.

escare, *s. f.* [eschare, escarre, escharre] croûte d'une plaie.

cicatrice, *s. f.*

furoncle *ou* clou, *s. m.*

tumeur, *s. f.*

abcès, *s. m.*

élancement, *s. m.*

plaie, *s. f.*

ulcère, *s. m.*

pus, *s. m.*

sanie, *s. f.* sang corrompu.

hernie, *s. f.* (h *asp.*)

squirrhe, *s. m.* [-re] tumeur dure.

gangrène, *s. f.* (pr. *can-*)

putréfaction, *s. f.* état de ce qui se pourrit.

dissolution, *s. f.*

———

complexion, *s. f.*

tempérament, *s. m.*

sanguin, guine, *adj.*

bilieux, euse, *adj.*

flegmatique, *adj.*

mélancolique, *adj.*

{ malaise, *s. m.*

{ mal-être, *s. m.*

maladie, *s. f.*

{ maladif, dive, *adj.*

{ valétudinaire, *adj.*

infirme, *adj.*

douleur, *s. f.*

souffrance, *s. f.*

langueur, *s. f.*

accablement, *s. m.*

sueur, *s. f.*

transpiration, *s. f.*

amaigrissement, *s. m.*

atonie, *s. f.* relâchement, faiblesse.

faiblesse, *s. f.*

{ défaillance, *s. f.*

{ syncope, *s. f.*

crise, *s. f.*

1. Vulgair. *écharpe.*

convalescence, *s. f.*

régime, *s. m.*

diète, *s. f.*

ménagement, *s. m.*

guérison, *s. f.*

santé, *s. f.*

hygiène, *s. f.* art de se conserver en santé.

———

symptôme, *s. m.* signe d'une maladie, etc.

* *inflammation*, *s. f.*

* *inflammatoire*, *adj.*

échauffement, *s. m.*

* *esquinancie*, *s. f.* inflammation à la gorge.

* *croup*, *s. m.*

torticolis, *s. m.* mal de cou.

courbature, *s. f.* lassitude douloureuse.

rhumatisme, *s. m.*

sciatique, *s. f.* rhumatisme à la hanche.

goutte, *s. f.*

accès, *s. m.*

frisson, *s. m.*

fièvre, *s. f.*

intermittent, te, *adj.* |qui revient par intervalles.

tierce, *adj. f.* qui revient le troisième jour.

quarte, *adj. f.* qui revient le quatrième jour.

miliaire, *adj.* qui fait sortir de petits boutons.

ortiée, *adj. f.* ou urticaire, *adj. et s. f.*

scarlatine, *adj. f.* [écar-]

rougeole, *s. f.*

variole, *s. f.* petite-vérole.

inoculation, *s. f.*

vaccine, *s. f.*

pustule, *s. f.* petit bouton.

éruption, *s. f.*

* *érysipèle*, *s. m.* (un)

* *dartre*, *s. f.*

teigne, *s. f.*

gale, *s. f.*

lèpre, *s. f.* croûte galeuse sur tout le corps.

peste, *s. f.*

pestilentiel, elle, *adj.*

contagieux, se, *adj.* |qui se communique par le toucher.

épidémique, *adj.* |qui attaque une grande partie de la population.

———

coqueluche, *s. f.*

fluxion, *s. f.*

toux, *s. f.*

rhume, *s. m.*

catarrhe, *s. m.*

*enchifrènement, *s. m.* |[-fré-, -fre-] rhume de cerveau.

éternuement, *s. m.* [-nû-, -nu-]

* *pleurésie*, *s. f.*

asthme, *s. m.* difficulté de respirer.

asthmatique, *adj.*

oppression, *s. f.*

étouffement, *s. m.*

suffocation, *s. f.*

extinction, *s. f.* de voix.

enrouement, *s. m.*

enroué, ée, *adj.*

{flegme, *s. m.*

{pituite, *s. f.*

étisie, *s. f.*

étique, *adj.*

phthisie, *s. f.*

pulmonie, *s. f.* phthisie pulmonaire.

pulmonique [1], *adj.*

consomption, *s. f.* }maigreur, dessèche-

marasme, *s. m.* }ment.

———

*indigestion, *s. f.*

nausée, *s. f.* envie de vomir.

vomissement, *s. m.*

{vertige, *s. m.*

{tournoiement, *s. m.* de tête.

assoupissement, *s. m.*

cauchemar, *s. m.*

somnambule, *adj.* |qui parle et agit sans se réveiller.

somnambulisme, *s. m.*

engourdissement, *s. m.*

———

1. Vulgair. *poumonique.*

catalepsie, *s. f.* privation subite de mouvement.
léthargie, *s. f.* |assoupissement profond et prolongé.
migraine, *s. f.*
insomnie, *s. f.*
spasme, *s. m.* état convulsif.
crampe, *s. f.*
contraction, *s. f.* } retirement, resserrement.
crispation, *s. f.* }
tétanos, *s. m.* |contraction et raideur des muscles.
convulsion, *s. f.*
épilepsie, *s. f.* haut-mal ou mal-caduc.
jaunisse, *s. f.*
hypocondrie, *s. f.* |maladie qui rend mélancolique.
hypocondre, *adj.*
misanthrope, *adj.*
manie, *s. f.*
maniaque, *adj.*
aliénation, *s. f.*
folie, *s. f.*
fou, fol, folle, *adj.*
insensé, sée, *adj.*
démence, *s. f.*
égarement, *s. m.*
frénésie, *s. f.*
délire, *s. m.*
extravagance, *s. f.*

———

obstruction, *s. f.*
hémorrhagie [1], *s. f.* perte de sang.
hémorrhoïdes, *s. f. pl.*
diarrhée, *s. f.*
dyssenterie, *s. f.* [dysen-]
hydropisie, *s. f.*
paralysie, *s. f.*
apoplexie, *s. f.*
agonie, *s. f.*
hoquet, *s. m.* (h *asp.*)
râle, *s. m.*
moribond, bonde, *adj.*
agonisant, sante, *adj.*

mort, *s. f.*
décès, *s. m.*
trépas, *s. m.*
défunt, funte, *adj.*
feu, feue, *adj.*
linceul, *s. m.* } drap dont on enveloppe un mort.
suaire, *s. m.* }
bière, *s. f.*
cercueil, *s. m.*
deuil, *s. m.*
|funérailles, *s. f. pl.*
|obsèques, *s. f. pl.*
convoi, *s. m.*
funèbre, *adj.* pompe, oraison funèbre.
funéraire, *adj.* frais funéraires.
corbillard, *s. m.*
enterrement, *s. m.*
inhumation, *s. f.*
sépulture, *s. f.*
cimetière, *s. m.*
fosse, *s. f.*
fossoyeur, *s. m.*
sépulcre, *s. m.*
tombe, *s. f.*
tombeau, *s. m.*
cénotaphe, *s. m.* tombeau vide.
mausolée, *s. m.* tombeau magnifique.
épitaphe, *s. f.* (une)

———

notaire, *s. m.*
testament, *s. m.*
olographe, *adj.* écrit par le testateur.
codicille, *s. m.* addition à un testament.
donation, *s. f.*
donataire, *subst.* à qui l'on fait une donation.
(succession, *s. f.*
(hoirie, *s. f.*
(héritage, *s. m.*
héritier, ère, *subst.*
cohéritier, ère, *subst.*

1. Ne dites pas : *une hémorrhagie de sang.*

survivant, vante, *subst.* qui vit après.
survivance, *s.f.* droit de succéder à une charge.
usufruit, *s. m.* jouissance des revenus d'un bien.
usufruitier, ère, *subst.*
aubaine, *s. f.* succession d'un étranger non naturalisé.
legs, *s. m.* don fait par testament.

légataire, *subst.* à qui l'on fait un legs.
partage, *s. m.*
part, *s. f.*
lot, *s. m.*
portion, *s. f.*
patrimoine, *s. m.* bien qui vient des parents.

VII. MÉDECINE, PHARMACIE, CHIRURGIE.

médecin, *s. m.*
traitement, *s. m.*
consultation, *s.f.*
ordonnance, *s.f.*
formule, *s.f.*
apothicaire, *s. m.*
pharmacie, *s.f.*
remède, *s. m.*
médicament, *s. m.*
dose, *s.f.*
drogue, *s.f.*
vomitif, *s. m.*
émétique, *s. m.*
*ipécacuanha, *s. m.* } vomitifs.
purgation, *s.f.*
purgatif, ive, *adj.* *s. m.*
tithymale, *s. m.*
ellébore, *s. m.*
ricin, *s. m.* huile de —.
jalap, *s. m.*
rhubarbe, *s.f.*
séné, *s. m.*
manne, *s.f.* } purgatifs.
décoction, *s.f.*
fébrifuge, *adj.* qui guérit la fièvre.
gentiane, *s.f.* (pr. -cia-)
quinquina, *s. m.* } remèdes fébrifuges.
quinine, *s.f.*
sudorifique, *adj.* qui excite la transpiration.
salsepareille, *s.f.*
gaïac, *s. m.* } bois sudorifiques.

stomachique, *adj.*
stomacal, cale, *adj.* } bon pour l'estomac.
opiat, *s. m.* ou opiate, *s. m.* [*s.f.*]
confection, *s.f.*
* élixir, *s. m.*
mixture, *s.f.*
mixtion, *s.f.* } mélange.
infusion, *s.f.*
lierre, *s. m.*
mauve, *s.f.*
althéa, *s. m.* [*s.f.*]
guimauve, *s.f.*
lichen, *s. m.* (pr. -kène)
hépatique, *s.f.* } plantes adoucissantes.
potion¹, *s.f.*
julep, *s. m.*
lok, *s. m.* [looch] } potions adoucissantes.
pectoral, rale, *adj.* bon pour la poitrine.
jujube, *s. f.* (la)
tisane, *s.f.*
rafraîchissant, sante, *adj.*
réglisse, *s.f.* (la)
cresson, *s. m.*
*cochléaria, *s. m.* } plantes rafraîchissantes.
gramen, *s. m.*
tonique, *adj.* fortifiant.
valériane, *s.f.*
menthe, *s. f.*
*camomille, *s.f.* } toniques.
mélisse, *s.f.*
romarin, *s. m.*

1. Ne dites pas : *il a pris une* portion *calmante.*

sureau , *s. m.*

gargarisme, *s. m.*

breuvage , *s. m.*

calmant , |mante , *adj.* / s. m.

soporifique, *adj.* qui endort.

narcotique , *adj.* qui engourdit.

camphre , *s. m.*

opium, *s. m.*

laudanum , *s. m.*

belladone , *s. f.* } narcotiques.

jusquiame , *s.f.*

ciguë , *s.f.*

nicotiane, *s.f.* tabac.

poison , *s. m.*

antidote, *s. m.* contre-poison.

thériaque , *s. f.* (la)

topique , *s. m.* tout remède extérieur.

*sinapisme, *s. m.* topique de moutarde.

*cataplasme , *s. m.*

émollient, |ente , *adj.* qui amollit , adoucit. / s. m.

plantain , *s. m.*

pariétaire , *s.f.* } plantes émollientes.

seneçon, *s. m.* [sé-]

———

*chirurgien, *s. m.*

anatomie , *s.f.*

dissection , *s.f.*

autopsie , *s. f.* examen d'un cadavre.

squelette, *s. m.*

carcasse , *s.f.*

ossements , *s. m. pl.*

opération , *s.f.*

incision , *s.f.*

amputation , *s. f.* |action de couper u / membre.

moignon , *s. m.*

pansement , *s. m.*

bandage , *s. m.*

ligature , *s.f.*

charpie , *s.f.*

compresse , *s.f.*

fomentation , *s.f.* remède appliqué chaud

friction , *s. f.*

baume , *s. m.*

bijon , *s. m.*

onguent , *s. m.*

cérat , *s. m.*

diachylon , *s. m.*

diapalme , *s. m.* onguent pour dessécher.

emplâtre , *s. m.* (un)

*vésicatoire , *s. m.*

cautère , *s. m.*

moxa , *s. m.* } ulcères créés à dessein.

séton , *s. m.*

sangsue , *s.f.*

bain , *s. m.*

baignoire , *s. f.*

douche , *s. f.*

ventouse , *s. f.*

saignée , *s. f.*

lancette , *s.f.*

scalpel , *s. m.*

bistouri , *s. m.* } instruments chirurgicaux.

trépan , *s. m.*

attelle , *s.f.* } planchette pour soutenir u

éclisse , *s. f.* os fracturé.

béquille , *s. f.*

VIII. DE L'AME ÉT DES PASSIONS.

Facultés de l'ame.

ame , *s. f.* [âme]

esprit , *s. m.*

raison , *s. f.*

instinct , *s. m.*

jugement , *s. m.*

intelligence , *s. f.*

pensée , *s.f.*

réflexion , *s.f.*

méditation , *s. f.*

compréhension, *s. f.*
conception, *s. f.*
idée, *s. f.*
raisonnement, *s. m.*
entendement, *s. m.*
comparaison, *s. f.*
combinaison, *s. f.*
imagination, *s. f.*
inspiration, *s. f.*
enthousiasme, *s. m.*
génie, *s. m.*
invention, *s. f.*
capacité, *s. f.*
discernement, *s. m.*
sagacité, *s. f.*
pénétration, *s. f.*
* tact, *s. m.*
mémoire, *s. f.*
souvenir, *s. m.*
réminiscence, *s. f.* rappel d'une idée.
oubli, *s. m.*

———

caractère, *s. m.*
expansif, sive, *adj.* communicatif.
vif, vive, *adj.*
bouillant, lante, *adj.*
fougueux, gueuse, *adj.*
irascible, *adj.* prompt à la colère.
énergie, *s. f.*
volonté, *s. f.*
velléité, *s. f.* volonté peu déterminée.
intention, *s. f.*
gré, *s. m.*
guise, *s. f.*
motif, *s. m.*
* prétexte, *s. m.*
conjecture, *s. f.* | opinion fondée sur des apparences.
opinion, *s. f.*
sentiment, *s. m.*
croyance, *s. f.*
préjugé, *s. m.* opinion mal fondée.

persuasion, *s. f.*
conviction, *s. f.*
décision, *s. f.*
résolution, *s. f.*

———

Mouvements de l'ame.
plaisir, *s. m.*
délice, *s. m.; fém. au pl.*
contentement, *s. m.*
satisfaction, *s. f.*
joie, *s. f.*
hilarité, *s. f.*
gaieté, *s. f.* [gaîté]
allégresse, *s. f.* [alé-]
rire *ou* ris, *s. m.*
sourire *ou* souris, *s. m.*
émotion, *s. f.*
sensibilité, *s. f.*
désir, *s. m.*
souhait, *s. m.*
espoir, *s. m.*
espérance, *s. f.*
illusion, *s. f.*
chimère, *s. f.*
mécompte, *s. m.*
incertitude, *s. f.*
incertain, taine, *adj.*
indécis, cise, *adj.*
irrésolution, *s. f.*
perplexité, *s. f.* incertitude pénible.
inquiet, ète, *adj.*
inquiétude, *s. f.*
agitation, *s. f.*
appréhension, *s. f.*
pressentiment, *s. m.*
alarme, *s. f.*
crainte, *s. f.*
souci, *s. m.*
soucieux, euse, *adj.*
abattement, *s. m.*
découragement, *s. m.*

ennui, *s. m.*
dégoût, *s. m.*
tristesse, *s. f.*
mélancolie, *s. f.*
rêverie, *s. f.*
pensif, sive, *adj.*
chagrin, grine, *adj.*
peine, *s. f.*
affliction, *s. f.*
tribulation, *s. f.* affliction, adversité.
doléance, *s. f.*
lamentation, *s. f.*
soupir, *s. m.*
gémissement, *s. m.*
larme, *s. f.*
pleurs, *s. m. pl.*
sanglot, *s. m.*
désolation, *s. f.*
anxiété, *s. f.*
* angoisse, *s. f.*
serrement, *s. m.* de cœur.
peur, *s. f.*
transe, *s. f.*
frayeur, *s. f.*
saisissement, *s. m.*
effroi, *s. m.*
stupeur, *s. f.*
terreur, *s. f.*
épouvante, *s. f.*

———

penchant, *s. m.*
inclination, *s. f.*
sympathie, *s. f.* rapport d'inclinations.
{ préférence, *s. f.*
{ prédilection, *s. f.*
égard, *s. m.*
respect, *s. m.*
hommage, *s. m.*
considération, *s. f.*
estime, *s. f.*
affection, *s. f.*

amitié, *s. f.*
amour, *s. m.*
tendresse, *s. f.*
empressement, *s. m.*
sollicitude, *s. f.* soin affectueux.
dévouement, *s. m.*
confiance, *s. f.*
épanchement, *s. m.*
effusion, *s. f.*
confidence, *s. f.*
aveu, *s. m.*
conseil, *s. m.*
avis, *s. m.*
insinuation, *s. f.*
direction, *s. f.*
influence, *s. f.*
ascendant, *s. m.* |pouvoir sur l'esprit d|quelqu'un.
susceptibilité, *s. f.* |disposition à se ch|quer aisément.
soupçon, *s. m.*
défiance, *s. f.*
prévention, *s. f.*
grippe, *s. f.*
refroidissement, *s. m.*
tiédeur, *s. f.*
froideur, *s. f.*
dépit, *s. m.*
envie, *s. f.*
jalousie, *s. f.*
antipathie, *s. f.* |aversion naturelle et no|raisonuée.
répugnance, *s. f.*
aversion, *s. f.*
inimitié, *s. f.*
haine, *s. f.* (h *asp.*)
animosité, *s. f.*
colère, *s. f.*
courroux, *s. m.*
rage, *s. f.*
désespoir, *s. m.*

———

rivalité, *s. f.*
concurrence, *s. f.*

concurrent, *s. m.* } qui postule une place
compétiteur, *s. m.* } en même temps qu'un autre.
conflit, *s. m.* choc.
différent, *s. m.* [-rend]
brouillerie, *s. f.*
* querelle, *s. f.*
dissension, *s. f.* [-tion]
zizanie, *s. f.* division, discorde.
débat, *s. m.*
contestation, *s. f.*
altercation, *s. f.* dispute animée.
tort, *s. m.*
grief, *s. m.*
démenti, *s. m.*
provocation, *s. f.*
injure, *s. f.*
offense, *s. f.*
mortification, *s. f.*
humiliation, *s. f.*
affront, *s. m.*
insulte, *s. f.*
outrage, *s. m.*
invective, *s. f.*

agression, *s. f.*
rixe, *s. f.*
bruit, *s. m.*
tapage, *s. m.*
tintamarre, *s. m.*
bacchanal, *s. m.*
vacarme, *s. m.*
scandale, *s. m.*
esclandre, *s. m.* (un)
batterie, *s. f.*
coup, *s. m.*
atteinte, *s. f.*
ressentiment, *s. m.*
rancunier [1], ère, *adj.*
vindicatif, tive, *adj.*
vengeance, *s. f.*
défi, *s. m.*
cartel, *s. m.* défi par écrit.
duel, *s. m.*
champion, *s. m.* défenseur.
adversaire, *s. m.*
{ réconciliation, *s. f.*
{ rapatriement, *s. m.*

IX. VERTUS ET QUALITÉS.

vertu, *s. f.*
sagesse, *s. f.*
mérite, *s. m.*
honneur, *s. m.*
honnêteté, *s. f.*
délicatesse, *s. f.*
scrupule, *s. m.* } crainte minutieuse de manquer à ses devoirs.
intégrité, *s. f.*
intègre, *adj.*
impartial, ale, *adj.*
consciencieux, euse, *adj.*
désintéressé, sée, *adj.*
loyal, ale, *adj.*
loyauté, *s. f.*

justice, *s. f.*
équité, *s. f.*
bonté, *s. f.*
humanité, *s. f.*
humain, maine, *adj.*
pitié, *s. f.*
commisération, *s. f.*
compassion, *s. f.*
compatissant, sante, *adj.*
quête, *s. f.*
collecte, *s. f.*
libéralité, *s. f.*
bienfaisance, *s. f.*
munificence, *s. f.*

1. Vulgair. rancuneux.

bienfait, *s. m.*
largesse, *s. f.*
générosité, *s. f.*
magnanimité, *s. f.* grandeur d'ame.
clémence, *s. f.*
miséricorde, *s. f.*
foi, *s. f.*
piété, *s. f.*
dévotion, *s. f.*
sanctification, *s. f.*
sainteté, *s. f.*
austérité, *s. f.*
patience, *s. f.*
résignation, *s. f.*
humilité, *s. f.*
charité, *s. f.*
indulgence, *s. f.*
tolérance, *s. f.*

———

véracité, *s. f.*
véridique, *adj.*
franc, franche, *adj.*
sincère, *adj.*
ingénu, nue, *adj.*
naïf, ïve, *adj.*
naïveté, *s. f.*
candeur, *s. f.*
innocence, *s. f.*
pudeur, *s. f.*
modestie, *s. f.*
décence, *s. f.*
bienséance, *s. f.*
chasteté, *s. f.*
vigilance, *s. f.*
prévoyance, *s. f.*
circonspection, *s. f.*
clairvoyant, ante, *adj.*
circonspect, pecte, *adj.*
discret, crète, *adj.*
fidèle, *adj.*
fidélité, *s. f.*
constance, *s. f.*

persévérance, *s. f.*
persistance, *s. f.*

———

douceur, *s. f.*
doux, douce, *adj.*
bénin, nigne, *adj.*
débonnaire, *adj.* bon par faiblesse.
bonhomie, *s. f.*
bonasse, *adj.*
paisible, *adj.*
tranquille, *adj.*
pacifique, *adj.*
sociable, *adj.*
affable, *adj.*
aimable, *adj.*
aménité, *s. f.*
cordialité, *s. f.*
bienveillance, *s. f.*
obligeance, *s. f.*
obligeant, geante, *adj.*
serviable, *adj.*
officieux, euse, *adj.*
service, *s. m.*
obligation, *s. f.*
gratitude, *s. f.*
reconnaissance, *s. f.*
prévenance, *s. f.*
complaisance, *s. f.*
condescendance, *s. f.*
déférence, *s. f.*
politesse, *s. f.*
civil, vile, *adj.*
galant, lante, *adj.*
gentil, tille, *adj.*
gentillesse, *s. f.*
enjoué, ée, *adj.*
drôle, *adj.*
badin, dine, *adj.*
plaisant, sante, *adj.*
saillie, *s. f.* trait d'esprit.
facétie, *s. f.*
bouffonnerie, *s. f.*

talent, *s. m.*	soigneux, gneuse, *adj.*
aptitude, *s. f.*	exact, acte, *adj.*
activité, *s. f.*	exactitude, *s. f.*
promptitude, *s. f.*	ponctuel, elle, *adj.*
diligence, *s. f.*	régulier, ère, *adj.*
expérience, *s. f.*	laborieux, euse, *adj.*
prudence, *s. f.*	infatigable, *adj.*
expert, perte, *adj.*	matineux [1], neuse, *adj.*
habile, *adj.*	sédentaire, *adj.*
ingénieux, euse, *adj.*	frugal, gale, *adj.*
inventif, tive, *adj.*	frugalité, *s. f.*
savoir-faire, *s. m.*	sobriété, *s. f.*
soin, *s. m.*	tempérance, *s. f.*

X. DÉFAUTS, VICES, ET CRIMES.

défaut, *s. m.*	niais, aise, *adj.*
mollesse, *s. f.*	nigaud, gaude, *adj.*
mou, mol, molle, *adj.*	badaud, daude, *subst.*
négligence, *s. f.*	crédule, *adj.*
indolence, *s. f.*	dupe, *s. f.*
nonchalance, *s. f.*	benêt, *s. m.*
insouciance, *s. f.*	lourdaud, daude, *subst.*
indifférence, *s. f.*	lourdise, *s. f.* [-derie]
apathie, *s. f.*	butor, torde, *subst.*
inertie, *s. f.* manque d'activité.	malotru, *s. m.*
lenteur, *s. f.*	idiot, ote, *adj.*
paresse, *s. f.*	stupide, *adj.*
oisiveté, *s. f.*	imbécille, *adj.* [-cile]
inaction, *s. f.*	imbécillité, *s. f.* [-cili-]
désœuvrement, *s. m.*	radoteur, teuse, *subst.*
fainéantise, *s. f.*	
* fainéant, ante, *adj.*	———
ignorance, *s. f.*	enfantillage [2], *s. m.*
sottise, *s. f.*	puéril, rile, *adj.*
sot, sotte, *adj.*	légèreté, *s. f.*
ineptie, *s. f.* sottise.	indiscrétion, *s. f.*
platitude, *s. f.*	curiosité, *s. f.*
niaiserie, *s. f.*	curieux, euse, *adj.*
	étourdi, die, *adj.*

1. *Matineux* signifie, qui a coutume de se lever matin; *matinal*, qui s'est levé matin; *matinier*, qui appartient au matin : *l'étoile matinière*. 2. Vulgair. *enfantise*.

hurluberlu[1], *s. m.*

étourderie, *s. f.*

inadvertance, *s. f.* manque d'attention.

turbulence, *s. f.*

pétulance, *s. f.*

piailleur, leuse, *subst.*

criard, arde, *adj.*

{ braillard, larde, *adj.*

{ brailleur, leuse, *adj.*

rétif, tive, *adj.* indocile.

revêche, *adj.*

têtu, tue, *adj.*

mutin, tine, *adj.*

méchanceté, *s. f.*

malignité, *s. f.*

malin, ligne, *adj.*

dégourdi[2], die, *adj.*

espièglerie, *s. f.* [-pié-]

agacerie, *s. f.*

malice, *s. f.*

pinçon, *s. m.*

chiquenaude, *s. f.*

babil, *s. m.*

babillard, larde, *adj.*

bavard, varde, *adj.*

bavardage, *s. m.*

caquet, *s. m.*

médisance, *s. f.*

moqueur, queuse, *adj.*

goguenard, narde, *adj.*

railleur, leuse, *adj.*

raillerie[3], *s. f.*

persifleur, *s. m.* [-siffleur]

allusion, *s. f.*

ironique, *adj.*

caustique, *adj.*

personnalité, *s. f.*

sarcasme, *s. m.* raillerie amère.

mystification, *s. f.*

vanité, *s. f.*

vain, vaine, *adj.*

amour-propre, *s. m.* [amour propre]

coquetterie, *s. f.*

minauderie, *s. f.*

simagrée, *s. f.*

affectation, *s. f.*

afféterie, *s. f.* manières affectées.

fat, *s. m.*

faquin, *s. m.*

freluquet, *s. m.*

hâbleur, se, *adj.* [hâ-] (h *asp.*)

gasconnade, *s. f.*

fanfaronnade, *s. f.*

vanterie, *s. f.*

jactance, *s. f.*

orgueil, *s. m.*

hautain, taine, *adj.* (h *asp.*)

altier, ère, *adj.*

fier, ère, *adj.*

fierté, *s. f.*

morgue, *s. f.*

dédain, *s. m.*

dédaigneux, gneuse, *adj.*

présomption, *s. f.*

suffisance, *s. f.*

arrogance, *s. f.*

insolence, *s. f.*

impertinence, *s. f.*

impudence, *s. f.*

hardiesse, *s. f.* (h *asp.*)

audace, *s. f.*

effronterie, *s. f.*

———

caprice, *s. m.*

fantaisie, *s. f.*

fantasque, *adj.*

quinteux, teuse, *adj.*

singularité, *s. f.*

---

1. Vulgair. *hurluberlu.* 2. *Déluré.* 3. *Entendre la raillerie,* c'est avoir le talent de bien railler; *entendre raillerie,* c'est souffrir la raillerie sans se fâcher.

bizarrerie, *s. f.*
morose, *adj.* chagrin, bizarre.
atrabilaire, *adj.* triste et chagrin.
bourru, rue, *adj.*
brutal, tale, *adj.*
rébarbatif [1], tive, *adj.*
grossier, ère, *adj.*
grossièreté, *s. f.*
maussade, *adj.*
grognard, gnarde, *adj.*
grognon, *adj. et s. des 2 g.*
tracassier, ère, *subst.*
acariâtre, *adj.*
hargneux, gneuse, *adj.* (h *asp.*)
ergoteur, teuse, *subst.*
chipotier [2], ère, *subst.*
* pointilleux, leuse, *adj.*
minutieux, euse, *adj.*
vétilleur, leuse, *adj.* [-leux]
mesquin, quine, *adj.*
taquin, quine, *adj.*
chiche, *adj.*
parcimonie, *s. f.* [-si-]
avarice, *s. f.*
égoïste, *subst.*
exigeant, geante, *adj.*
exigence, *s. f.*
obstination, *s. f.*
opiniâtre, *adj.*
inflexible, *adj.*
inexorable, *adj.*
sévère, *adj.*
sévérité, *s. f.*
rigueur, *s. f.*

———

passion, *s. f.*
écart, *s. m.*
* fredaine, *s. f.*
* pretantaine, *s. f.* [-tentè-]
bandit, *s. m.*

polisson, *s. m.*
* vagabond, *s. m.*
vaurien, *s. m.*
excès, *s. m.*
vice, *s. m.*
vicieux, euse, *adj.*
voluptueux, euse, *adj.*
licencieux, euse, *adj.*
libertin, *s. m.*
corruption, *s. f.*
perversité, *s. f.*
pervers, verse, *adj.*
séduction, *s. f.*
débauche, *s. f.*
sensualité, *s. f.*
gourmand, mande, *adj.*
gloutonnerie, *s. f.*
soûl, soûle, *adj.* (pr. *sou*)
ivresse, *s. f.*
ivrognerie, *s. f.*
abrutissement, *s. m.*

———

ambitieux, euse, *adj.*
ambition, *s. f.*
flatterie, *s. f.*
adulation, *s. f.* basse flatterie.
hypocrisie, *s. f.*
bassesse, *s. f.*
ingratitude, *s. f.*
ingrat, grate, *adj.*
vil, vile, *adj.*
abject, jecte, *adj.*
faux, fausse, *adj.*
fausseté, *s. f.*
feinte, *s. f.*
ruse, *s. f.*
subterfuge, *s. m.* moyen détourné.
échappatoire, *s. f.* |moyen subtil pour se tirer d'embarras.
artifice, *s. m.*
stratagème, *s. m.*

1. Vulgair. *rébarbaratif.* 2. *Chipoteur.*

supercherie, *s. f.*
astuce , *s. f.* finesse jointe à la méchanceté.
duplicité, *s. f.* mauvaise foi.
mensonge , *s. m.*
imposture , *s. f.*
tromperie, *s. f.*
fraude , *s. f.*
perfidie, *s. f.*
noirceur, *s. f.*
diffamation, *s. f.*
calomnie, *s. f.*

———

friponnerie, *s. f.*
faussaire , *s. m.*
coquin, *s. m.*
filou, *s. m.*
filouterie, *s. f.*
escroc, *s. m.*
escroquerie, *s. f.*
voleur, leuse, *subst.*
{pirate , *s. m.*
{forban, *s. m.*
larron, ronnesse, *subst.*
larcin, *s. m.*
vol, *s. m.*
effraction, *s. f.* rupture faite par un voleur.
complicité, *s. f.*
complice, *subst.*
connivence , *s. f.* complicité qui consiste à laisser faire le mal.
recéleur, leuse , *subst.*

———

crime, *s. m.*
criminel, nelle, *adj.*
forfait, *s. m.*
attentat, *s. m.*
violence, *s. f.*
cruauté, *s. f.*
cruel, elle, *adj.*
féroce, *adj.*

sanguinaire, *adj.*
meurtrier, *s. m.*
assassin , *s. m.*
assassinat [1], *s. m.*
homicide, *s. m.*
infanticide , *s. m.*
fratricide, *s. m.*
parricide, *s. m.*
régicide, *s. m.*
suicide, *s. m.*
brigand, *s. m.*
coupe-jarret, *s. m.*
coupe-gorge, *s. m.*
embûche, *s. f.* piège.
guet-apens , *s. m.* [guet-appens, guet-à-pens, etc.]
scélérat , *s. m.*
incendiaire, *subst.*
empoisonneur, neuse, *subst.*
lèse-majesté, crime de —, crime commis contre un souverain.
sacrilége, *s. m.*

———

honte, *s. f.* (h *asp.*)
confusion, *s. f.*
déshonneur, *s. m.*
décri, *s. m.* perte du crédit, de la réputation.
mépris, *s. m.*
opprobre, *s. m.*
*ignominie , *s. f.*
turpitude, *s. f.*
infamie, *s. f.*
horreur, *s. f.*
haïssable, *adj.* (h *asp.*)
odieux, euse, *adj.*
horrible, *adj.*
effroyable, *adj.*
atroce, *adj.*
atrocité, *s. f.*
abomination, *s. f.*
exécration, *s. f.*

1. Dites : *se rendre coupable d'un assassinat, commettre un assassinat*, et non, *se rendre coupable d'un assassin*, etc.

XI. ÉVÉNEMENTS ET ACCIDENTS.

destin, *s. m.*
destinée, *s.f.*
sort, *s. m.*
fortune, *s.f.*
chance, *s.f.*
hasard, *s. m.* (h *asp.*)
occurrence, *s.f.*
circonstance, *s.f.*
conjoncture, *s.f.* rencontre de circonstances.
favorable, *adj.*
opportun, tune, *adj.*
cas, *s. m.*
incident, *s. m.* événement qui survient.
événement, *s. m.* [-vè-]
fortuit, tuite, *adj.* qui est l'effet du hasard.
accident, *s. m.*
embarras, *s. m.*
expédient, *s. m.*
ressource, *s.f.*
recours, *s. m.*
protection, *s.f.*

———

dessein, *s. m.*
projet, *s. m.*
but, *s. m.*
moyen, *s. m.*
{ choix, *s. m.*
{ option, *s.f.*
précaution, *s.f.*
essai, *s. m.*
épreuve, *s.f.*
entreprise, *s.f.*
commencement, *s. m.*
début, *s. m.*
exécution, *s.f.*
inconvénient, *s. m.*
empêchement, *s. m.*
obstacle, *s. m.*

entrave, *s.f.*
suspension, *s.f.*
interruption, *s.f.*
continuation, *s.f.*
issue, *s.f.*
résultat, *s. m.*
réussite, *s.f.*
succès, *s. m.*
bonheur, *s. m.*
bien-être, *s. m.*
aisance, *s.f.*
félicité, *s.f.*
abondance, *s.f.*
opulence, *s.f.*
richesse, *s.f.*
superflu, *s. m.*
luxe, *s. m.*
faste, *s. m.*
ostentation, *s.f.*
éclat, *s. m.*
splendeur, *s.f.*
élégance, *s.f.*
somptuosité, *s.f.*
magnificence, *s.f.*
prodigalité, *s.f.*
profusion, *s.f.*
dissipation, *s.f.*
satiété, *s.f.*

———

instabilité, *s.f.*
vicissitude, *s.f.*
revers, *s. m.*
malheur, *s. m.*
adversité, *s.f.*
décadence, *s.f.*
catastrophe, *s.f.*
pauvreté, *s.f.*
nécessité, *s.f.*

indigence, *s. f.*
pénurie, *s. f.* extrême pauvreté.
misère, *s. f.*
détresse, *s. f.*
dénuement, *s. m.* [-nû-]
privation, *s. f.*
besoin, *s. m.*
inanition, *s. f.* faiblesse par besoin de nourriture.
mendicité, *s. f.*
mendiant, ante, *subst.*
besace, *s. f.*
haillons, *s. m. pl.* (h *asp.*)
guenilles, *s. f. pl.*
lambeau, *s. m.*
secours, *s. m.*
aumône, *s. f.*
assistance, *s. f.*

asile, *s. m.*
refuge, *s. m.*

————

mœurs, *s. f. pl.*
coutume, *s. f.*
habitude, *s. f.*
us, *s. m. pl.* usages.
usage, *s. m.*
désuétude, *s. f.* (pr. *déçu-*)
changement, *s. m.*
innovation, *s. f.* introduction d'une nouveauté.
nouveauté, *s. f.*
nouveau, vel, velle, *adj.*
mode, *s. f.*
passager, gère, *adj.*
éphémère, *adj.* qui ne dure qu'un jour.
fugitif, tive, *adj.*

XII. AGES ET PARENTÉ.

race, *s. f.*
espèce, *s. f.*
individu, *s. m.*
gens, *subst. pl.* masc. avant l'adj., fém. après.
sexe, *s. m.*
homme, *s. m.*
femme, *s. f.*
monsieur, *s. m.*
messieurs, *s. m. pl.*
dame, *s. f.*
demoiselle, *s. f.*
personne, *s. f.*
âge, *s. m.*
enfance, *s. f.*
puberté, *s. f.*
adolescence, *s. f.*
jeunesse, *s. f.*
virilité, *s. f.*
viril, rile, *adj.*
déclin, *s. m.*
vieillesse, *s. f.*

vieux, vieil, vieille, *adj.*
vieillard, *s. m.*
caduc, duque, *adj.*
caducité, *s. f.*
décrépit, pite, *adj.*
décrépitude, *s. f.*
sexagénaire, *adj.*
septuagénaire, *adj.*
octogénaire, *adj.*
centenaire, *adj.*

————

amant, amante, *subst.*
fiancé, cée, *subst.*
fiançailles, *s. f. pl.*
cadeau, *s. m.*
trousseau, *s. m.*
dot, *s. f.* (pr. *dote*)
contrat, *s. m.*
douaire, *s. m.* biens assurés à une femme en cas de veuvage.
mariage, *s. m.*
noce, *s. f.*

nuptial, ale, *adj.*
|hymen, *s. m.*
|hyménée, *s. m.*
époux, épouse, *subst.*
gendre, *s. m.*
bru, *s. f.* belle-fille, femme du fils.
parent, rente, *subst.*
père, *s. m.*
mère, *s. f.*
marâtre, *s. f.* belle-mère, seconde femme du père.
famille, *s. f.*
naissance, *s. f.*
enfant, *s. m.*
nourrisson, *s. m.*
nourrice, *s. f.*
parrain, *s. m.*
marraine, *s. f.*
compère, *s. m.*
commère, *s. f.*
filleul, leule, *subst.*
nom, *s. m.*
prénom, *s. m.*
sobriquet, *s. m.*
garçon, *s. m.*
fils, *s. m.*
fille, *s. f.*
frère, *s. m.*
sœur, *s. f.*
fraternel, nelle, *adj.*
jumeau, melle, *adj.*
aîné, née, *adj.*
aînesse, *s. f.*
puîné, née, *adj.* né après.

cadet, dette, *adj.*
généalogie, *s. f.*
ascendants, *s. m. pl.*
grand-père, *s. m.* au pl. grands-père
grand'mère, *s. f.* au pl. grand'mères.
aïeul, ïeule, *subst.*
bisaïeul, ïeule, *subst.*
trisaïeul, ïeule, *subst.*
aïeux, *s. m. pl.*
ancêtres, *s. m. pl.*
oncle, *s. m.*
tante, *s. f.*
neveu, *s. m.*
nièce, *s. f.*
cousin, sine, *subst.*
germain, maine, *adj.*
veuf, veuve, *subst.*
orphelin, line, *subst.*
tutèle, *s. f.* [-telle]
tuteur, trice, *subst.*
pupille, *subst.*
mineur, neure, *adj.*
majeur, jeure, *adj.*
génération, *s. f.*
lignée, *s. f.* suite d'enfants et de petits-enfants.
filiation, *s. f.*
descendance, *s. f.*
issu, sue, *part.*
originaire, *adj.*
postérité, *s. f.*
célibat, *s. m.* état d'une personne non mariée.
célibataire, *s. m.*
adoption, *s. f.*

XIII. PRÉNOMS.

Adélaïde.	Albert.	Ambroise.	Antoine.
Adèle.	Alexandre.	Amélie.	Antonin.
Adolphe.	Alexis.	Anatole.	Armand.
Adrien.	Alfred.	André.	Arnold.
Agathe.	Alphonse.	Anne.	Arthur ou Arthus.

Auguste.	Édouard.	Hippolyte.	Mathilde.
Baptiste.	Éléonore.	Honorine.	Matthieu.
Barthélemi.	Élie.	Horace.	Maurice.
Basile.	Élisabeth.	Hubert.	Mélanie.
Béatrix.	Éloi.	Hugues.	Michel.
Benjamin.	Émile.	Ignace.	Nicolas.
Benoît.	Émilie.	Iphigénie.	Octave.
Bernard.	Emma.	Isabelle.	Olympe.
Berthe.	Emmanuel.	Isidore.	Paul.
Betsy.	Ernest.	Jacques.	Pauline.
Boniface.	Esther.	Jean.	Philibert.
Calixte.	Étienne.	Jeanne.	Philippe.
Camille.	*Eugène.	Jenny.	Pierre.
Caroline.	*Eulalie.	Jérôme.	Richard.
Catherine.	*Euphrasie.	Joseph.	Robert.
Cécile.	*Euphrosine.	Judith.	Rodolphe.
César.	*Eustache.	Jules.	Rosalie.
Charles.	Fanny.	Julie.	Samuel.
Charlotte.	Félicité.	Julien.	Sigismond.
Christophe.	Félix.	Justine.	Simon.
Claire.	Ferdinand.	Laure.	Sophie.
Claude.	Firmin.	Laurent.	Stanislas.
Clément.	François.	Léonard.	Stéphanie.
Constant.	Frédéric.	Léopold.	Susanne.
Constantin.	Gabriel.	Louis.	Sylvestre.
Corinne.	Gaspard.	Lucien.	Théodore.
Cyprien.	Geneviève.	Lucile.	Théophile.
Daniel.	George.	Madeleine.	Thérèse.
David.	Germain.	Marc.	Thomas.
Denis.	Gervais.	Marcel.	Ursule.
Didier.	Guillaume.	Marguerite.	Valérie.
Dominique.	Gustave.	Marianne.	Victor.
Dorothée.	Hélène.	Marthe.	Vincent.
Edmond.	Henri.	Martin.	Zoé.

XIV. DES ALIMENTS.

banquet, *s. m.*

festin, *s. m.*

régal, *s. m.*

chère, *s. f.* faire bonne —

repas, *s. m.*

copieux, euse, *adj.*

somptueux, euse, *adj.*

splendide, *adj.*

déjeûner, *s. m.* [-né ; et déjeuner, -né]
dîner, *s. m.* [-né]
entrée, *s. f.*
hors-d'œuvre, *s. m.* (h *asp.*)
entremets, *s. m.*
dessert, *s. m.*
tost, *s. m.* [toast]
amphitryon, *s. m.* celui qui reçoit.
convive, *s. m.*
commensal, *s. m.* qui mange à la même table.
intrus, use, *subst.* (pr. *intru*)
parasite, *s. m.* pique-assiette.
goûter, *s. m.*
collation, *s. f.*
souper, *s. m.* [-pé]
ambigu, *s. m.*
réveillon, *s. m.*
pique-nique, *s. m.*
écot, *s. m.*
quote-part, *s. f.*

———

consommation, *s. f.*
comestible, *s. m.*
denrée, *s. f.*
vivres, *s. m. pl.*
aliment, *s. m.*
nourriture, *s. f.*
mets, *s. m.*
ration, *s. f.*
pain, *s. m.*
bis, bise, *adj.*
rassis, sise, *adj.*
moisissure, *s. f.*
morceau, *s. m.*
bribe, *s. f.*
entame, *s. f.* [-tamure]
croûton, *s. m.*
croûte, *s. f.*
tranche, *s. f.*
mouillette, *s. f.*

miette, *s. f.*
soupe, *s. f.*
potage, *s. m.*
* semoule, *s. f.*
vermicelle, *s. m.*
gruau, *s. m.*
fécule, *s. f.* partie farineuse des graines, des racines.
bouillie, *s. f.*
panade, *s. f.*
viande, *s. f.*
bouilli, *s. m.*
bouillon, *s. m.*
suc, *s. m.*
succulent, lente, *adj.*
substantiel, elle, *adj.*
consommé, *s. m.*
coulis, *s. m.*
rôti, *s. m.*
délicat, cate, *adj.*
savoureux, reuse, *adj.*
insipide, *adj.*
coriace, *adj.*
filandreux, dreuse, *adj.*
indigeste, *adj.*
immangeable [1], *adj.* (pr: im-mangeable)
{ gigot, *s. m.*
{ éclanche, *s. f.*
longe, *s. f.* moitié de l'échine.
rosbif, *s. m.*
grillade, *s. f.*
bifteck, *s. m.*
aloyau, *s. m.*
jus, *s. m.*
rognon, *s. m.*
volaille, *s. f.*
chapon, *s. m.*
poularde, *s. f.*
jambon, *s. m.*
saumure, *s. f.* liqueur formée de sel fondu et du suc de la chose salée.
saucisson, *s. m.*

---

1. Dites plutôt : *cela n'est* pas mangeable.

cervelas, *s. m.*
saucisse, *s. f.*
boudin, *s. m.*
andouille, *s. f.*
lard, *s. m.*
panne, *s. f.* graisse dont on fait le saindoux.
saindoux, *s. m.* [sain-doux]
rance, *adj.*
relent, *s. m.* (goût de)
ragoût, *s. m.*
sauce, *s. f.*
fricandeau, *s. m.*
*rouelle, *s. f.* — de veau.
fressure, *s. f.*
gras-double, *s. m.*
fricassée, *s. f.*
*tendron, *s. m.* fricassée de tendrons.
blanquette, *s. f.*
civet, *s. m.*
gibelotte, *s. f.*
miroton, *s. m.*
hachis, *s. m.* (h *asp.*)
boulette, *s. f.*
rissole, *s. f.*
pâté, *s. m.*
vol-au-vent, *s. m.*
godiveau, *s. m.*
béatilles, *s. f. pl.*
friture, *s. f.*
omelette, *s. f.*
crêpe, *s. f.*
beignet, *s. m.*
flan, *s. m.*
pouding, *s. m.*
assaisonnement, *s. m.*
huile, *s. f.*
vinaigre, *s. m.*
sel, *s. m.*
épices, *s. f. pl.*
poivre, *s. m.*
mignonnette, *s. f.* gros poivre.

girofle, *s. m.* [gé-]
muscade, *s. f.*
cannelle, *s. f.*
sauge, *s. f.*
marjolaine, *s. f.*
*coriandre, *s. f.*
fenouil, *s. m.*
cumin, *s. m.*
safran, *s. m.*
gingembre, *s. m.*
champignon, *s. m.*
truffe, *s. f.* ⎫
morille, *s. f.* ⎬ espèces de champignons.
câpre, *s. f.*
verjus, *s. m.*
moutarde, *s. f.*
*rémolade, *s. f.* [-mou-]
saveur, *s. f.*
âpre, *adj.*
âcre, *adj.*
aigre, *adj.*
amer, mère, *adj.*

lait, *s. m.*
crême, *s. f.*
café, *s. m.*
thé, *s. m.*
sucre, *s. m.*
brut, brute, *adj.*
raffiné, née, *adj.*
candi, *adj. m.*
*cassonade, *s. f.*
caramel, *s. m.*
chocolat, *s. m.*
beurre, *s. m.*
beurrée, *s. f.*
tartine, *s. f.*
rôtie, *s. f.*
miel, *s. m.*
raisiné, *s. m.*
compote, *s. f.*

marmelade, *s. f.*
confiture, *s. f.*
friandises, *s. f. pl.*
bonbon, *s. m.*
gâteau, *s. m.*
*frangipane, *s. f.*
tarte, *s. f.*
tartelette, *s. f.*
échaudé, *s. m.*
gimblette, *s. f.*
croquet, *s. m.*
nougat, *s. m.* | gâteau de noix ou d'amandes au caramel.
massepain, *s. m.*
meringue, *s. f.* [mé-]
gaufre, *s. f.*
biscuit, *s. m.*
biscotin, *s. m.*
diablotin, *s. m.*
dragée, *s. f.*
anis, *s. m.*
vanille, *s. f.*
pastille, *s. f.*

————

boisson, *s. f.*
potable, *adj.*
buvable, *adj.*
vin, *s. m.*
fumet, *s. m.*
malvoisie, *s. f.*

clarette, *s. f.*
moût, *s. m.*
bière, *s. f.*
cidre, *s. m.*
poiré, *s. m.*
piquette, *s. f.*
liqueur, *s. f.*
liquoreux, reuse, *adj.*
spiritueux, euse, *adj.*
eau-de-vie, *s. f.*
rhum, *s. m.* [rum] (pr. *rom* ou *roum*)
tafia, *s. m.* | liqueurs tirées de la canne à sucre.
arack *ou* rack, *s. m.* |
absinthe, *s. f.*
kirschwasser, *s. m.* | ou kirsch; eau de cerises.
ratafia, *s. m.*
marasquin, *s. m.*
anisette, *s. f.*
curaçao, *s. m.*
rossolis, *s. m.*
vespétro, *s. m.*
ponche, *s. m.* [punch]
hypocras, *s. m.*
bishof, *s. m.* [bischof]
sirop, *s. m.*
capillaire, *s. m.* sirop de—.
orgeat, *s. m.*
limonade, *s. f.*
hydromel, *s. m.*

XV. VÊTEMENTS, PARURE, ETC.

vêtement, *s. m.*
ajustement, *s. m.*
costume, *s. m.*
hardes, *s. f. pl.* (h *asp.*)
nippes, *s. f. pl.*
neuf, neuve, *adj.*
usé, sée, *adj.*

linge, *s. m.*
chemise, *s. f.*
manchette, *s. f.*
jabot, *s. m.*
col, *s. m.*
cravate, *s. f.*
*caleçon [1], *s. m.*

1. Ne dites pas : *mes caleçons, mes culottes, mes pantalons,* quand vous ne parlez que d'*un seul caleçon,* etc.

chausson, *s. m.*
chaussette, *s. f.* ,
bas, *s. m.*
jarretière, *s. f.*
*bretelle, *s. f.*
boucle, *s. f.*
*ardillon, *s. m.*
culotte, *s. f.*
pantalon, *s. m.*
gousset, *s. m.*
gilet, *s. m.*
veste, *s. f.*
habit, *s. m.*
frac, *s. m.* [fraque]
redingote, *s. f.*
lévite, *s. f.*
manche, *s. f.*
parement, *s. m.*
collet, *s. m.*
basque, *s. f.* — d'habit.
pan, *s. m.* —de manteau, de lévite, d'habit.
boutonnière, *s. f.*
ganse, *s. f.* cordon servant de boutonnière.
poche, *s. f.*
mouchoir, *s. m.*
casaque, *s. f.*
houppelande, *s. f.* (h *asp.*)
carrick, *s. m.* [-rique, etc.]
manteau, *s. m.*
fourrure, *s. f.*
pelisse, *s. f.*
vitchoura, *s. m.* [vild-, etc.] surtout fourré.
manchon, *s. m.*
bonnet, *s. m.*
casquette, *s. f.*
chapeau, *s. m.*
gant, *s. m.*
mitaine, *s. f.*
chaussure, *s. f.*
soulier, *s. m.*
escarpin, *s. m.*

guêtre, *s. f.*
sous-pied, *s. m.*
botte, *s. f.*
bottine, *s. f.*
brodequin, *s. m.* demi-botte lacée.
sandale, *s. f.* semelle tenue par des courroies.
claque, *s. f.*
socque, *s. m.* (un)
sabot, *s. m.*
galoche, *s. f.*
pantoufle, *s. f.*
babouche, *s. f.*
savate, *s. f.*

———

bourse, *s. f.*
lorgnette, *s. f.*
binocle, *s. m.*
lunettes, *s. f. pl.*
besicles, *s. f. pl.*
bonbonnière, *s. f.*
tabatière, *s. f.*
tabac, *s. m.*
cigare, *s. m.* [-garre]
pipe, *s. f.*
canne, *s. f.*
jonc, *s. m.*
rotin, *s. m.* [-tan, -tang, etc.]
bambou, *s. m.*
parapluie, *s. m.*

———

déshabillé, *s. m.*
mantelet, *s. m.*
camisole, *s. f.*
peignoir, *s. m.*
coiffure, *s. f.*
tresse, *s. f.*
natte, *s. f.*
papillote, *s. f.*
peigne, *s. m.*
serre-tête, *s. m.*
coiffe, *s. f.*

dentelle, *s. f.*
voile, *s. m.*
tulle, *s. m.*
crêpe, *s. m.*
toque, *s. f.*
bandeau, *s. m.*
turban, *s. m.*
corset, *s. m.*
busc, *s. m.*
lacet, *s. m.*
jupe, *s. f.*
robe, *s. f.*
pli, *s. m.*
falbala, *s. m.*
* pretintaille, *s. f.* ornement en découpure.
* tablier, *s. m.*
canezou, *s. m.* [-sou]
spencer, *s. m.*
douillette, *s. f.*
doublure, *s. f.*
*ouate, *s. f.*
collérette, *s. f.*
fraise, *s. f.*
fichu, *s. m.*
sautoir, *s. m.*
écharpe, *s. f.*
châle, *s. m.* [schall]
parure, *s. f.*
atours, *s. m. pl.*
ornement, *s. m.*
joyau, *s. m.*

bijou, *s. m.*
écrin, *s. m.* coffret à bijoux.
bague, *s. f.*
anneau, *s. m.*
chaton, *s. m.* partie de l'anneau où est en-châssée une pierrerie.
collier, *s. m.*
perle, *s. f.*
aigrette, *s. f.*
pendeloque, *s. f.* pendant d'oreille.
bracelet, *s. m.*
ruban, *s. m.*
ceinture, *s. f.*
nœud, *s. m.*
agrafe, *s. f.*
guirlande, *s. f.*
bouquet, *s. m.*
artificiel, elle, *adj.*
cannetille, *s. f.*
paillette, *s. f.*
éventail, *s. m.*
ombrelle, *s. f.*
parasol, *s. m.*

———

layette, *s. f.*
maillot, *s. m.* enveloppe d'un enfant.
lange, *s. m.*
brassières, *s. f. pl.*
lisières, *s. f. pl.*
bavette, *s. f.*
béguin, *s. m.*
bourrelet, *s. m.*

XVI. CONSTRUCTION D'UN ÉDIFICE.

maison, *s. f.*
bâtisse, *s. f.*
plan, *s. m.*
devis, *s. m.* | mémoire détaillé de ce que coûtera un ouvrage.
construction, *s. f.*
structure, *s. f.*

pilotis, *s. m.* nom des pieux fichés en terre pour asseoir les fondements.
fondements, *s. m. pl.*
* matériaux, *s. m. pl.*
roche, *s. f.*
liais[1], *s. m.*
moellon, *s. m.* } espèces de pierres calcaires.

1. Vulgair. pierre de *lierre*.

brique, *s. f.*

carreau, *s. m.*

pisé, *s. m.* terre battue pour construire des murs.

mortier, *s. m.*

béton, *s. m.* mortier pour les fondements.

plâtre, *s. m.*

gypse, *s. m.*

stuc, *s. m.* marbre broyé avec de la chaux.

mur, *s. m.*

mitoyen, enne, *adj.*

refend, *s. m.* mur de —, mur intérieur.

parpain, *s. m.* [-paing] pierre qui tient toute l'épaisseur d'un mur.

assise, *s. f.* rang de pierres dans un mur.

galandage, *s. m.* cloison de briques.

paroi, *s. f.* (une)

crépissure, *s. f.*

badigeon, *s. m.* enduit jaunâtre.

façade, *s. f.*

arcade, *s. f.*

voûte, *s. f.*

voussoir, *s. m.* pierre de voûte.

cintre, *s. m.*
arceau, *s. m.* } arcs de voûte.

portique, *s. m.* galerie soutenue par des colonnes, etc.

péristyle, *s. m.* rang de colonnes.

pilier, *s. m.*

pilastre, *s. m.* pilier carré.

colonne, *s. f.*

base, *s. f.*

fût, *s. m.* partie entre la base et le chapiteau.

cannelure, *s. f.*

chapiteau, *s. m.* le haut de la colonne.

corniche, *s. f.*

rez-de-chaussée, *s. m.*

perron, *s. m.* escalier extérieur et peu élevé.

vestibule, *s. m.*

escalier[1], *s. m.*

rampe, *s. f.*

*degré, *s. m.*

entresol, *s. m.* [entre-sol]

étage, *s. m.*

inférieur, eure, *adj.*

supérieur, eure, *adj.*

palier, *s. m.*

galerie, *s. f.*

*corridor, *s. m.*

balcon, *s. m.*

balustrade, *s. f.*

belvéder, *s. m.* [-dère]

———

charpente, *s. f.*

poutre, *s. f.*
solive, *s. f.*

poutrelle, *s. f.* petite poutre.

assemblage, *s. m.*

repère, *s. m.* marque aux pièces d'assemblage.

tenon, *s. m.* bout aminci d'une pièce de bois.

mortaise, *s. f.* entaille qui reçoit le tenon.

joint, *s. m.*

sommier, *s. m.* grosse poutre.

arc-boutant, *s. m.* (pr. *ar-*)

travée, *s. f.* rang de solives.

lambourde, *s. f.* poutrelle entre 2 planchers.

chevron, *s. m.* poutre qui porte les lattes.

panne, *s. f.* poutre qui soutient les chevrons.

sablière, *s. f.* poutre qui porte le bord du toit.

latte, *s. f.*

lattis, *s. m.* arrangement de lattes sur un toit.

toit, *s. m.*

comble, *s. m.*

faîte, *s. m.* sommet.

faîtage, *s. m.*

lucarne, *s. f.*

ardoise, *s. f.*

tuile, *s. f.*

bardeau, *s. m.* planchette servant de tuile.

chéneau, *s. m.* [chenal]
gouttière, *s. f.*

girouette, *s. f.*

paratonnerre, *s. m.*

---

1. Dites : *monter l'escalier*, et non, les *escaliers*.

porte, *s. f.*

battant, *s. m.*

cadre, *s. m.*

linteau, *s. m.* le haut du cadre d'une porte.

seuil, *s. m.* partie inférieure de ce cadre.

panneau, *s. m.*

penture, *s. f.* |bande de fer dans laquelle entre le gond qui soutient une porte.

gond, *s. m.*

verrou, *s. m.*

targette, *s. f.*

poignée, *s. f.*

loquet, *s. m.*

clenche, *s. f.* [clin-] bascule de loquet.

mentonnet, *s. m.* [man-] pièce qui reçoit le loquet.

serrure, *s. f.*

pêne, *s. m.* lame qui sort de la serrure.

gâche, *s. f.* pièce qui reçoit le pêne.

clef, *s. f.*

passe-partout, *s. m. invar.*

sonnette, *s. f.*

archal [1], *s. m.* (fil d')

———

appartement, *s. m.*

distribution, *s. f.*

disposition, *s. f.*

arrangement, *s. m.*

antichambre, *s. f.* (une)

cuisine, *s. f.*

office, *s. f.* (une)

salle, *s. f.*

salon, *s. m.*

boudoir, *s. m.*

cabinet, *s. m.*

alcove, *s. f.* [-cô-] (une)

enfoncement, *s. m.*

encognure, *s. f.* [-coi-]

cloison, *s. f.*

boiserie, *s. f.*

lambris, *s. m.*

plancher, *s. m.*

parquet, *s. m.*

plafond, *s. m.*

cheminée, *s. f.*

chambranle, *s. m.*

bascule, *s. f.*

foyer, *s. m.*

fenêtre, *s. f.*

trumeau, *s. m.* |espace de mur entre deux fenêtres.

croisée, *s. f.*

châssis, *s. m.* bois de la croisée.

vitre, *s. f.*

espagnolette, *s. f.*

store, *s. m.*

volet [2], *s. m.*

contrevent [3], *s. m.*

jalousie, *s. f.*

persienne, *s. f.* contrevent à jour.

abat-jour, *s. m.*

mansarde, *s. f.*

galetas, *s. m.*

taudis, *s. m.*

bûcher, *s. m.*

charbonnier, *s. m.* [-nière, *s. f.*]

cellier, *s. m.* lieu pour le vin et les provisions.

cave, *s. f.*

caveau, *s. m.*

soupirail, *s. m.*; *au pl.*-raux.

treillis, *s. m.*

grillage, *s. m.*

soupente, *s. f.*

chantier, *s. m.* |poutre pour supporter les tonneaux.

———

vétusté, *s. f.*

dégradation, *s. f.*

affaissement, *s. m.*

réparation, *s. f.*

appui, *s. m.*

support, *s. m.*

1. Vulgair. *fil d'aréchal.* 2, 3. Les *volets* sont en dedans, et s'appliquent sur le châssis des fenêtres; les *contrevents* sont en dehors.

soutien , *s. m.*
étai, *s. m.* [étaie, *s. f.*] } *appuis, soutiens.*
étançon, *s. m.*
fente, *s. f.*
{ crevasse, *s. f.*
{ lézarde, *s. f.*

destruction, *s. f.*
ruine, *s. f.*
démolition, *s. f.*
décombres [1], *s. m. pl.*
* grav*ois*, *s. m.* }
plâtras, *s. m.* } *menus débris de plâtre.*

XVII. MOBILIER , USTENSILES , ETC.

Cuisine.

combustible, *s. m.*
bois, *s. m.*
bûche, *s. f.*
fagot, *s. m.*
falourde, *s. f.*
cotret, *s. m.*
bûchette, *s. f.*
copeaux, *s. m. pl.*
tannée, *s. f.* [-né, *s. m.*] *écorce moulue.*
allumette, *s. f.*
amadou, *s. m.* (le)
briquet, *s. m.*
feu , *s. m.*
étincelle, *s. f.*
flamme, *s. f.*
tison, *s. m.*
* ardent, dente, *adj.*
brasier, *s. m.*
braise, *s. f.*
charbon, *s. m.*
fumeron, *s. m.*
cendre, *s. f.*
suie, *s. f.*

———

ustensile, *s. m.*
chenet, *s. m.*
* crémaillère, *s. f.*
cran, *s. m.*
pelle, *s. f.*

pincettes, *s. f. pl.*
soufflet , *s. m.*
bassinoire, *s. f.*
marmite, *s. f.*
coquemar, *s. m.*
{ bouilloire, *s. f.*
{ bouillote, *s. f.* [-lotte]
écumoire, *s. f.*
passoire, *s. f.*
poêle , *s. f.*
poêlon , *s. m.*
* casserole, *s. f.*
terrine, *s. f.*
tourtière, *s. f.*
réchaud, *s. m.*
trépied [2], *s. m.*
gril, *s. m.*
tourne-broche , *s. m.*
* lèchefrite, *s. f.* [lé-]
hachoir, *s. m.* (un) (h *asp.*)
couperet, *s. m.*
égrugeoir, *s. m.*
râpe, *s. f.*
évier [3], *s. m.*
jarre, *s. f.*
aiguière, *s. f.*
seau [4], *s. m.*
baquet, *s. m.*
égouttoir, *s. m.*
lavette, *s. f.*

1. Dites : *enlevez* tous *ces décombres*, et non, toutes *ces décombres.* 2. Vulgair. *un trois pieds.* 3. *Lévier.* 4. *Siau.*

éponge, *s. f.*
torchon, *s. m.*
corbeille, *s. f.*
panier, *s. m.*
anse, *s. f.*
vergette, *s. f.* [-tes, *s. f. pl.*]
brosse, *s. f.*
cirage, *s. m.*
balai, *s. m.*
plumeau, *s. m.*
époussette, *s. f.*
décrottoire, *s. f.*
chandelle, *s. f.*
suif, *s. m.*
mèche, *s. f.*
mouchure, *s. f.*
lumignon, *s. m.* |bout de chandelle qui achève de brûler.
chandelier, *s. m.*
bobèche, *s. f.*
{ binet, *s. m.*
{ brûle-tout, *s. m.*
mouchettes, *s. f. pl.*
éteignoir, *s. m.*
quinquet, *s. m.*
lanterne, *s. f.*
falot, *s. m.*

Office.

*armoire, *s. f.*
buffet, *s. m.*
vaisselle, *s. f.*
porcelaine, *s. f.*
faïence, *s. f.*
poterie, *s. f.*
fragile, *adj.*
cassant[1], sante, *adj.*
table, *s. f.*
nappe, *s. f.*
couvert, *s. m.*
serviette[2], *s. f.*

assiette, *s. f.*
cuiller[3], *s. f.* [-lère]
fourchette, *s. f.*
couteau, *s. m.*
manche, *s. m.*
virole, *s. f.*
lame, *s. f.*
{ tranchant, *s. m.*
{ taillant, *s. m.*
pointe, *s. f.*
verre, *s. m.*
gobelet, *s. m.*
timbale, *s. f.*
carafe, *s. f.*
bouteille, *s. f.*
goulot, *s. m.*
tire-bouchon, *s. m.*
soupière, *s. f.*
* couvercle, *s. m.*
plat, *s. m.*
saucière, *s. f.*
huilier, *s. m.*
salière, *s. f.*
poivrière, *s. f.*
pot, *s. m.*
écuelle, *s. f.*
jatte, *s. f.*
bol, *s. m.*
tasse, *s. f.*
soucoupe, *s. f.*
cafetière, *s. f.*
théière, *s. f.*
sucrier, *s. m.*

Salon.

meuble, *s. m.*
canapé, *s. m.*
fauteuil, *s. m.*
chaise, *s. f.*
dossier, *s. m.*

---

1. Ne dites pas : *la porcelaine est* casuelle. 2. Dites : *des serviettes à* liteaux, et non, *à* linteaux. 3. Ne prononcez pas *culière.*

tabouret, *s. m.*
banquette, *s. f.*
chaufferette, *s. f.*
console, *s. f.*
vase, *s. m.*
cartel, *s. m.*
pendule, *s. f.*
candelabre, *s. m.* [-dé-]
lustre, *s. m.*
lampe, *s. f.*
astrale, *adj. f.* lampe —, suspendue.
flambeau, *s. m.*
bougie, *s. f.*
guéridon, *s. m.*
paravent, *s. m.*
écran, *s. m.*
tapis, *s. m.*
tapisserie, *s. f.*
tenture, *s. f.*
rideau, *s. m.*
feston, *s. m.*
garniture, *s. f.*
frange, *s. f.*
houppe, *s. f.* (h *asp.*)
patère, *s. f.*
tringle, *s. f.*

Boudoir.

sofa, *s. m.* [-pha]
ottomane, *s. f.*
causeuse, *s. f.* petit sofa.
coussin, *s. m.*
psyché, *s. f.* glace mobile montée sur des pieds.
miroir, *s. m.*
toilette, *s. f.*
boîte, *s. f.*
fard, *s. m.*
pommade, *s. f.*
parfum, *s. m.*
musc, *s. m.*
flacon, *s. m.*

essence, *s. f.*
senteur, *s. f.*
odeur, *s. f.*
suave, *adj.*
subtil, tile, *adj.*

Cabinet.

bibliothèque, *s. f.*
rayon, *s. m.*
tablette, *s. f.*
collection, *s. f.*
curiosités, *s. f. pl.*
antiquités, *s. f. pl.*
figurine, *s. f.*
momie, *s. f.* corps embaumé.
mosaïque, *s. f.* ouvrage en petites pierres rapportées.
médaillier, *s. m.* collection de médailles.
médaille, *s. f.*
médaillon, *s. m.*
légende, *s. f.* inscription autour d'une médaille.
millésime, *s. m.*
camée, *s. m.* pierre sculptée en bas-relief.
manuscrit, *s. m.*
autographe, *adj.* écrit de la main de l'auteur.
atlas, *s. m.*
mappemonde, *s. f.*
planisphère, *s. m.* carte générale du ciel ou de la terre.
casier, *s. m.*
pupitre, *s. m.*
papier[1], *s. m.*
vélin, *adj. m.*
encre, *s. f.*
encrier, *s. m.*
écritoire, *s. f.* (une)
plume, *s. f.*
canif, *s. m.*
plioir, *s. m.*
grattoir, *s. m.*
sandaraque, *s. f.* (la)
cire, *s. f.*
cachet, *s. m.*

---

1. Dites : *du papier* **brouillard**, et non, *du papier* **cassé**.

Chambre à coucher.

lit, *s. m.*
paillasse, *s. f.*
matelas, *s. m.*
sommier, *s. m.*
drap, *s. m.*
couverture, *s. f.*
chevet [1], *s. m.*
traversin, *s. m.*
oreiller, *s. m.*
douillet, lette, *adj.*
mollet, lette, *adj.*
taie [2], *s. f.* d'oreiller.
duvet, *s. m.*
édredon [3], *s. m.*
berceau, *s. m.*
veilleuse, *s. f.*
bougeoir, *s. m.*
commode, *s. f.*
tiroir, *s. m.*
lavabo, *s. m.* table pourvue d'une cuvette.
cuvette, *s. f.*
essuie-main, *s. m.*

Cave.

tonneau, *s. m.*
tonne, *s. f.*
foudre, *s. m.* } grands tonneaux.
barrique, *s. f.*
futaille, *s. f.*
feuillette, *s. f.*
baril, *s. m.*
velte, *s. f.* mesure de 6 pintes.
douve, *s. f.* planche cintrée.
fond, *s. m.*
cerceau, *s. m.*
bondon, *s. m.*
tampon, *s. m.*
robinet, *s. m.*
fausset, *s. m.*
broc, *s. m.*
entonnoir, *s. m.*
tâte-vin, *s. m.*
éprouvette, *s. f.*
jauge, *s. f.*
jaugeage, *s. m.*
soutirage, *s. m.*

XVIII. VILLE.

ville, *s. f.*
faubourg, *s. m.*
banlieue, *s. f.*
boulevard, *s. m.* [-vart]
muraille, *s. f.*
barrière, *s. f.*
pont, *s. m.*
garde-fou, *s. m.*
bouteroue, *s. f.* [boute-roue]
borne, *s. f.*
quartier, *s. m.*
rue, *s. f.*
ruelle, *s. f.*
impasse, *s. f.* [*s. m.*] cul-de-sac.

carrefour, *s. m.* endroit où des rues se croisent.
place, *s. f.*
quai, *s. m.*
chaussée, *s. f.*
trottoir, *s. m.*
dalle, *s. f.* grande tablette de pierre.
pavé, *s. m.*
éclairage, *s. m.*
réverbère, *s. m.*
édifice, *s. m.*
palais, *s. m.*
ducal, cale, *adj.*
royal, ale, *adj.*
impérial, ale, *adj.*

1. Vulgair. *têtière de lit.* 2. *Tête d'oreiller.* 3. *Aigledon.*

musée, *s. m.*
conservatoire, *s. m.*
halle, *s. f.* (h *asp.*)
bazar, *s. m.*
hôpital, *s. m.*
hospice, *s. m.*
morgue, *s. f.*
fontaine, *s. f.*
bassin, *s. m.*
aqueduc, *s. m.* [-qué-]
conduit, *s. m.*
égout, *s. m.*
cloaque, *s. m.* lieu qui reçoit les immondices.
immondices, *s. f. pl.*
amas, *s. m.*
monceau, *s. m.*
puanteur, *s. f.*
émanation, *s. f.*
exhalaison, *s. f.*
infect, fecte, *adj.*
fétide, *adj.* infect.
*méphitique, *adj.* malfaisant.
miasme, *s. m.* exhalaison malfaisante.

————

demeure, *s. f.*
habitation, *s. f.*
domicile, *s. m.*
résidence, *s. f.*
hôtel, *s. m.* (un)
intendant, *s. m.*
économe, *s. m.*
*sommelier, *s. m.*
concierge, *subst.*
portier, ère, *subst.*
domestique, *subst.*
serviteur, *s. m.*
servante, *s. f.*
cocher, *s. m.*
laquais, *s. m.*
valet, *s. m.*

palefrenier [1], *s. m.* valet pour les chevaux.
pied-à-terre, *s. m.*
logis, *s. m.*
gîte, *s. m.*

————

population, *s. f.*
peuple, *s. m.*
habitant, tante, *subst.*
bourgeois, geoise, *subst.*
citoyen, enne, *subst.*
citadin, dine, *subst.* habitant d'une ville.
compatriote, *subst.* du même pays.
concitoyen, enne, *s.* de la même ville.
voisinage, *s. m.*
proximité, *s. f.*
relation, *s. f.*
fréquentation, *s. f.*
société, *s. f.*
compagnie, *s. f.*
réunion, *s. f.*
assemblée, *s. f.*
coterie, *s. f.*
invitation, *s. f.*
remercîment, *s. m.*
refus, *s. m.*
instance, *s. f.*
acceptation, *s. f.*
rendez-vous, *s. m.*
rencontre, *s. f.*
abord, *s. m.*
accueil, *s. m.*
salut, *s. m.*
salutation, *s. f.*
compliment, *s. m.*
entretien, *s. m.*
conversation, *s. f.*
dialogue, *s. m.*
colloque, *s. m.*
question, *s. f.*
demande, *s. f.*

1. Vulgair. *palefrénier, palefermier.*

réponse, *s. f.*
repartie, *s. f.*
objection, *s. f.*
réplique, *s. f.*
discussion, *s. f.*
propos, *s. m.*
expression, *s. f.*

trivial, ale, *adj.*
quolibet, *s. m.*
lazzi, *s. m.* (pr. *lad-zi* ou *lâzi*) épigramme, bon mot.
calembour, *s. m.* [-bourg]
équivoque, *s. f.* (une)
quiproquo, *s. m. invar.*
malentendu, *s. m.* [mal-entendu]

XIX. GOUVERNEMENT.

gouvernement, *s. m.*
monarque, *s. m.*
potentat, *s. m.* souverain d'un grand État.
puissance, *s. f.*
pouvoir, *s. m.*
autorité, *s. f.*
arbitraire, *adj.*
absolu, lue, *adj.*
souverain, raine, *adj.*
sceptre, *s. m.*
couronne, *s. f.*
diadème, *s. m.*
trône, *s. m.*
dynastie, *s. f.* suite de souverains d'une même race.
prédécesseur, *s. m.*
avénement, *s. m.* [-vè-] élévation au trône.
successeur, *s. m.*
roi, *s. m.*
sire, *s. m.*
reine, *s. f.*
royaume, *s. m.*
vice-roi, *s. m.*
empire, *s. m.*
empereur, *s. m.*
impératrice, *s. f.*
autocrate, trice, *s.* souverain absolu.
czar, czarine, *subst.*
sultan, tane, *subst.*
sérail, *s. m.* palais du sultan.

harem, *s. m.* (h *asp.*) partie du palais où sont renfermées les femmes.
calife, *s. m.* souverain mahométan.
vizir, *s. m.* [-sir] ministre.
pacha, *s. m.* [ba-] gouverneur.
dey, *s. m.* chef d'un État de la côte d'Afrique.
despote, *s. m.*
tyran, *s. m.*
tyrannie, *s. f.*
usurpation, *s. f.*
garde [1], *s. f.*
satellite, *s. m.*
escorte, *s. f.*
prince, cesse, *subst.*
principauté, *s. f.*
apanage, *s. m.* terres, etc. qu'un souverain donne à ses puînés.
fief, *s. m.* domaine noble.
féodal, dale, *adj.* qui concerne les fiefs.
majorat, *s. m.* biens de l'aîné d'une famille.
noblesse, *s. f.*
seigneur, *s. m.*
seigneurie, *s. f.*
lord, *s. m.*
altesse, *s. f.*
duc, duchesse, *subst.*
duché, *s. m.*
marquis, quise, *subst.*
marquisat, *s. m.*
comte, tesse, *subst.*
comté, *s. m.*

1. *Garde*, *s. f.* exprime une totalité : *la garde nationale*; *garde*, *s. m.* exprime un des individus qui composent la garde : *un garde national*.

baron, ronne, *subst.*
gentilhomme, *s. m.* |pl. gentilshommes.
(pr. gentizommes)
chevalier, *s. m.*
cour, *s. f.*
cortége, *s. m.*
courtisan, *s. m.*
favori, rite, *subst.*
page, *s. m.*
échanson, *s. m.* qui sert à boire à un prince.
écuyer, *s. m.*
vassal, *s. m.* pl. vassaux; qui dépend d'un seigneur.
roturier, ère, *subst.* qui n'est pas noble.
prolétaire, *s. m.* |homme pauvre et de basse
classe.
sujet, jette, *subst.*
sujétion, *s. f.*
dépendance, *s. f.*
assujettissement, *s. m.* [-jétis-]
asservissement, *s. m.*
serf, serve, *subst.* espèce d'esclave.
servitude, *s. f.*
{ esclavage, *s. m.*
{ ilotisme, *s. m.*
vexation, *s. f.*
exaction, *s. f.*
concussion, *s. f.* } action d'exiger plus qu'il
n'est dû.
extorsion, *s. f.*
abus, *s. m.*
murmure, *s. m.*
complot, *s. m.*
parti, *s. m.*
partisan, *s. m.*
faction, *s. f.*
ligue, *s. f.*
* rebelle, *s. m.*
séditieux, *s. m.*
perturbateur, *s. m.*
rébellion, *s. f.* [re-]
révolte, *s. f.*
soulèvement, *s. m.*
insurrection, *s. f.*

rassemblement, *s. m.*
attroupement, *s. m.*
affluence, *s. f.*
cohue, *s. f.*
populace, *s. f.*
émeute, *s. f.*
bagarre [1], *s. f.*
tumulte, *s. m.*
brouhaha, *s. m.*
bourvari [2], *s. m.* (h *asp.*)
révolution, *s. f.*
renversement, *s. m.*
subversion, *s. f.* renversement de l'ordre.
bouleversement, *s. m.*
affranchissement, *s. m.*
confédération, *s. f.*
république, *s. f.*
démocratie, *s. f.*
aristocratie, *s. f.*
sénat, *s. m.*
conseil, *s. m.*
élection, *s. f.*
brigue, *s. f.*
sollicitation, *s. f.*
démarche, *s. f.*
instigation, *s. f.*
*suggestion, *s. f.*
vote, *s. m.*
suffrage, *s. m.*
scrutin, *s. m.* délibération par suffrages secrets.
nomination, *s. f.*
député, *s. m.*
démission, *s. f.*

———

charge, *s. f.*
distinction, *s. f.*
rang, *s. m.*
préséance, *s. f.* (pr. précé-), droit de précéder.
prééminence, *s. f.*
supériorité, *s. f.*

1. Vulgair. *gabarre.* 2. *Boulvari.*

mission, *s. f.*
légation, *s. f.*
ambassadeur, *s. m.*
plénipotentiaire, *s. m.*
agent, *s. m.*
consul, *s. m.*
secrétaire, *s. m.*
{ interprète, *s. m.*
{ trucheman, *s. m.* [-ment]
{ drogman, *s. m.*
emploi, *s. m.*
dignité, *s. f.*
ministère, *s. m.*
fonction, *s. f.*
fonctionnaire, *s. m.*
chambellan, *s. m.*
chancelier, *s. m.* ministre de la justice.
trésorier, *s. m.*
magistrat, *s. m.*
sénateur, *s. m.*
pair, *s. m.*
conseiller, *s. m.*
préfet, *s. m.*
préfecture, *s. f.*
bourgmestre, *s. m.* |premier magistrat d'une ville.
maire, *s. m.*
adjoint, *s. m.*
mairie¹, *s. f.*
arrondissement, *s. m.*
district, *s. m.*
juridiction, *s. f.* [-ris-]
compétence, *s. f.* droit de juger une affaire.
inspection, *s. f.*
surveillance, *s. f.*
police, *s. f.*
commissaire, *s. m.*
gendarme, *s. m.*

———

administration, *s. f.*
municipalité, *s. f.*

chancellerie, *s. f.*
sceau, *s. m.* grand cachet d'État.
archives, *s. f. pl.*
recensement, *s. m.* dénombrement.
*registre, *s. m.* [-gî-]
baptistaire, *adj.* [-tère]
mortuaire, *adj.*
trésor, *s. m.*
fisc, *s. m.* trésor public.
finance, *s. f.*
budget, *s. m.* [-jet] état des recettes et des dépenses annuelles d'un État.
recette, *s. f.*
impôt, *s. m.*
imposition, *s. f.*
contribution, *s. f.*
taxe, *s. f.*
redevance, *s. f.* } rente due annuellement.
cens, *s. m.*
dîme, *s. f.* tribut du dixième des produits de la terre.
privilége, *s. m.*
exemption, *s. f.*
péage, *s. m.* droit levé pour un passage.
pontonage, *s. m.* péage d'un pont.
octroi, *s. m.*
douane, *s. f.*
douanier, *s. m.*
{ prohibition, *s. f.*
{ défense, *s. f.*
violation, *s. f.*
infraction, *s. f.*
*contravention, *s. f.* } violation d'une loi
importation, *s. f.*
contrebande, *s. f.*
dénonciation, *s. f.*
confiscation, *s. f.*
réclamation, *s. f.*
pétition, *s. f.*
apostille, *s. f.*
faveur, *s. f.*
restitution, *s. f.*

¹. Vulgair. *mairerie.*

XX. LÉGISLATION.

législation, *s. f.*	{ avoué, *s. m.*
charte, *s. f.* loi qui règle les droits du peuple.	{ procureur, *s. m.*
constitution, *s. f.*	prócuration, *s.f.* } pouvoir d'agir pour autrui.
code, *s. m.* recueil de lois.	mandat, *s. m.* }
loi, *s. f.; au pl.* lois.	mandataire, *s. m.* chargé de procuration.
{ ordonnance, *s. f.*	huissier, *s. m.*
{ décret, *s. m.*	clerc, *s. m.*
{ édit, *s. m.*	
ukase, *s. m.* édit de l'empereur de Russie.	dommage, *s. m.*
règlement, *s. m.*	dégât, *s. m.*
{ publication, *s. f.*	{ préjudice, *s. m.*
{ promulgation, *s. f.*	{ lésion, *s. f.*
proclamation, *s. f.*	plainte, *s. f.*
affiche, *s. f.*	opposition, *s. f.*
placard, *s. m.*	litige, *s. m.* contestation en justice.
pancarte, *s. f.* grand placard.	procès, *s. m.*
révocation, *s. f.*	processif, sive, *adj.* qui aime les procès
suppression, *s. f.*	procédure, *s. f.*
abrogation, *s. f.* action d'annuler.	assignation, *s. f.*
abolition, *s. f.*	* comparution, *s. f.*
	enquête, *s. f.*
jurisprudence, *s. f.* science du droit.	témoin, *s. m.*
juriste, *s. m.*	oculaire, *adj.* qui a vu de ses propres yeux.
jurisconsulte, *s. m.*	irrécusable, *adj.* { témoin —, qui ne peut être rejeté.
tribunal, *s. m.*	serment, *s. m.*
assises, *s. f. pl.*	restriction, *s. f.*
session, *s. f.*	parjure, *s. m.*
séance, *s. f.*	interrogatoire, *s. m.*
audience, *s. f.*	témoignage, *s. m.*
président, *s. m.*	déposition, *s. f.*
juge, *s. m.*	affirmation, *s. f.*
assesseur, *s. m.* adjoint à un juge, etc.	dénégation, *s. f.*
substitut, *s. m.*	confrontation, *s. f.*
juri, *s. m.* [-ry]	plaidoyer, *s. m.*
juré, *s. m.* membre du juri.	délibération, *s. f.*
greffier, *s. m.*	arrêt, *s. m.*
greffe, *s. m.*	amende, *s. f.*
avocat, *s. m.*	pécuniaire, *adj.* peine —.

frais, *s. m. pl.*
dépens, *s. m. pl.* frais d'un procès, etc.
dédommagement, *s. m.*
indemnité, *s. f.* (pr. -dame-, où -déme-)
{ requête, *s. f.*
{ placet, *s. m.*
{ délai, *s. m.*
{ sursis, *s. m.*
répit, *s. m.*

———

délit, *s. m.*
délinquant, *s. m.* qui est coupable d'un délit.
accusation, *s. f.*
information, *s. f.*
perquisition, *s. f.* recherche exacte.
indice, *s. m.* (un)
preuve, *s. f.*
culpabilité, *s. f.* état du coupable.
sentence, *s. f.*
condamnation, *s. f.*
punition, *s. f.*
châtiment, *s. m.*
{ emprisonnement, *s. m.*
{ incarcération, *s. f.*

détention, *s. f.*
prison, *s. f.*
cachot, *s. m.*
guichet, *s. m.* petite porte dans une grande.
geolier, *s. m.* [geò-]
guichetier, *s. m.*
élargissement, *s. m.* mise en liberté.
exil, *s. m.*
bannissement, *s. m.*
récidive, *s. f.*
carcan, *s. m.*
pilori, *s. m.* poteau tournant pour l'exposition.
{ marque, *s. f.*
{ flétrissure, *s. f.*
bagne, *s. m.* prison des forçats.
{ forçat, *s. m.*
{ galérien, *s. m.*
argousin, *s. m.* surveillant des forçats.
bourreau, *s. m.*
supplice, *s. m.*
torture, *s. f.*
gibet, *s. m.*
potence, *s. f.*
échafaud, *s. m.*

XXI. COMMERCE.

affaire, *s. f.*
agence, *s. f.*
commerce, *s. m.*
négociant, *s. m.*
commerçant, *s. m.*
établissement, *s. m.*
association, *s. f.*
participation, *s. f.*
commanditaire, *s. m.* sociétaire qui n'est pas nommé.
actionnaire, *s. m.*
commis, *s. m.*
appointements, *s. m. pl.*
gratification, *s. f.*
émoluments, *s. m. pl.*

banquier, *s. m.*
comptabilité, *s. f.* art d'établir les comptes.
compte, *s. m.*
bordereau, *s. m.*
appoint, *s. m.*
erreur, *s. f.*
omission, *s. f.*
révision, *s. f.*
vérification, *s. f.*
rectification, *s. f.*
commissionnaire, *s. m.*
dépositaire, *subst.*
dépôt, *s. m.*
consignation, *s. f.* dépôt juridique.

entrepôt, *s. m.*
courtier, *s. m.*
changeur, *s. m.*
tarif, *s. m.*
taux, *s. m.* fixation de valeur.
agio, *s. m.* [agiot] bénéfice sur le change de l'argent.
escompte, *s. m.* retenue d'intérêts.

———

drapier, *s. m.*
étoffe, *s. f.*
qualité, *s. f.*
assortiment, *s. m.*
pièce, *s. f.*
échantillon, *s. m.*
endroit, *s. m.*
envers, *s. m.*
rebours, *s. m.*
tissu, *s. m.*
fin, fine, *adj.*
soyeux, euse, *adj.*
lisse, *adj.*
commun, mune, *adj.*
grossier, ère, *adj.*
casimir, *s. m.*
flanelle, *s. f.*
molleton, *s. m.*
calmande, *s. f.* étoffe de laine lustrée.
serge, *s. f.*
nankin, *s. m.*
coutil, *s. m.*
futaine, *s. f.*
soierie, *s. f.*
velours, *s. m.*
taffetas, *s. m.*
satin, *s. m.*
levantine, *s. f.* [lé-]
foulard, *s. m.* [-lar]
toilier, ère, *subst.*
batiste, *s. f.*
cretonne, *s. f.*
canevas, *s. m.* toile claire pour broder.

percale, *s. f.*
calicot, *s. m.*
indienne, *s. f.*
basin, *s. m.*
mousseline, *s. f.*
gaze, *s. f.*
mercier, ère, *subst.*
fil, *s. m.*
coton, *s. m.*
laine, *s. f.*
soie, *s. f.*
filoselle, *s. f.*
fleuret, *s. m.*

———

poste, *s. f.*
courrier, *s. m.*
correspondance, *s. f.*
lettre, *s. f.*
brouillon, *s. m.*
copie, *s. f.*
circulaire, *s. f.*
{ seing, *s. m.*
{ signature, *s. f.*
parafe, *s. m.* [-phe] (un)
post-scriptum, *s. m.* (*P. S.*)
{ adresse, *s. f.*
{ suscription, *s. f.*
commettant, *s. m.*
commission, *s. f.*
désignation, *s. f.*
facture, *s. f.*
duplicata, *s. m.* double d'une lettre, etc.
balle, *s. f.*
ballot, *s. m.*
colis, *s. m.* caisse, balle de marchandises.
paquet, *s. m.*
emballage, *s. m.*
enveloppe, *s. f.*
serpillière, *s. f.*
corde, *s. f.*
ficelle, *s. f.*

envoi, *s. m.*

expédition, *s. f.*

exportation, *s. f.*

transport, *s. m.*

passavant, *s. m.* [passe-avant]

transit, *s. m.* (pr. *-zite*)

réception, *s. f.*

récépissé, *s. m.* reçu de papiers.

avarie, *s. f.*

rebut, *s. m.*

perte, *s. f.*

arbitrage, *s. m.* jugement par arbitres.

estimation, *s. f.*

évaluation, *s. f.*

rabais, *s. m.*

(déduction, *s. f.*

(défalcation, *s. f.*

traite, *s. f.* lettre de change.

endossement, *s. m.*

échéance, *s. f.*

expiration, *s. f.*

protêt, *s. m.*

emprunt, *s. m.*

billet, *s. m.*

cautionnement, *s. m.*

solidaire, *adj.* qui peut être obligé de payer la totalité d'une dette commune.

dette, *s. f.*

discrédit, *s. m.*

désordre, *s. m.*

embrouillement, *s. m.*

brouillamini [1], *s. m.*

déconfiture, *s. f.*

bilan, *s. m.* état de ce qu'un négociant possède et de ce qu'il doit.

déficit, *s. m. invar.*

faillite, *s. f.*

sauf-conduit, *s. m.*

banqueroute, *s. f.*

saisie, *s. f.*

scellé, *s. m.*

séquestre, *s. m.*

contrainte, *s. f.*

arrestation, *s. f.*

convocation, *s. f.*

pourparler, *s. m.*

conférence, *s. f.*

proposition, *s. f.*

concession, *s. f.*

acquiescement, *s. m.*

conciliation, *s. f.*

accommodement, *s. m.*

accord, *s. m.*

transaction, *s. f.* acte par lequel on s'arrange sur un différent.

convention, *s. f.*

concordat, *s. m.*

vente, *s. f.*

encan, *s. m.*

répartition, *s. f.*

———

foire, *s. f.*

marchand, chande, *subst.*

détailleur, *s. m.*

forain, *adj. m.* du dehors: marchand —.

ambulant, lante, *adj.*

colporteur, *s. m.*

achat, *s. m.*

emplette, *s. f.*

spéculation, *s. f.*

accaparement, *s. m.*

monopole, *s. m.* droit de vendre seul certaines marchandises.

hausse, *s. f.* (h *asp.*)

cherté, *s. f.*

cher, chère, *adj.*

renchérissement, *s. m.*

variation, *s. f.*

baisse, *s. f.*

diminution, *s. f.*

marché [2], *s. m.*

arrhes [3], *s. f. pl.*

1. Vulgair. *embrouillamini.* 2. Dites : *acheter à bon marché,* et non, *acheter bon marché.*
3. Ne dites pas *errhes.*

engagement, *s. m.*

pacte, *s. m.* accord, convention.

clause, *s. f.*

stipulation, *s. f.* } condition.

rétractation, *s. f.* action de se dédire.

dédit, *s. m.*

brocanteur, *s. m.*

échange, *s. m.* (un)

troc, *s. m.*

équivalent, *s. m.*

trafic, *s. m.*

détail, *s. m.*

chaland, lande, *subst.*

vogue, *s. f.*

débit, *s. m.*

valeur, *s. f.*

prix, *s. m.*

coût, *s. m.*

montant, *s. m.* total d'un compte.

paiement, *s. m.* [paye-, paî-]

comptant, *adj. m.* payer argent comptant.

à-compte, *s. m.* [acompte]

reliquat, *s. m.* reste de compte.

solde, *s. m.* complément d'un paiement.

reçu, *s. m.*

acquit, *s. m.*

quittance, *s. f.*

inventaire, *s. m.*

gain, *s. m.*

profit, *s. m.*

bénéfice, *s. m.*

boni, *s. m.* excédant de la recette sur la dépense.

cessation, *s. f.*

liquidation, *s. f.*

épargne, *s. f.*

placement, *s. m.*

prêt, *s. m.*

usure, *s. f.*

{ gage, *s. m.*

{ nantissement, *s. m.*

cession, *s. f.* abandon.

cessionnaire, *subst.*

créance, *s. f.* droit à une somme due.

hypothèque, *s. f.* droit sur les immeubles d'un débiteur.

rente, *s. f.*

intérêt, *s. m.*

arrérages, *s. m. pl.* revenus arriérés.

insolvabilité, *s. f.*

expropriation, *s. f.*

enchère, *s. f.*

offre, *s. f.*

adjudication, *s. f.*

acquisition, *s. f.*

acquéreur, *s. m.*

fonds, *s. m.*

immeuble, *s. m.*

possession, *s. f.*

propriétaire, *subst.*

régisseur, *s. m.*

* gestion, *s. f.* administration pour autrui.

{ débours, *s. m.*

{ déboursé, *s. m.*

remboursement[1], *s. m.*

loyer, *s. m.*

{ bail, *s. m.; au pl.* baux.

{ location, *s. f.*

local, *s. m.*

échoppe, *s. f.*

boutique, *s. f.*

magasin, *s. m.*

bureau, *s. m.*

comptoir, *s. m.*

enseigne, *s. f.*

écriteau, *s. m.*

poêle, *s. m.* [poi-]

caisse, *s. f.*

coffre-fort, *s. m.*

fermeture, *s. f.*

ferrure, *s. f.*

barre, *s. f.*

1. Vulgair. *rembours.*

charnière, *s. f.*
cadenas, *s. m.*

———

*Mesure, *s. f.*
myriamètre, *s. m.* 10000 mètres.
kilomètre, *s. m.* 1000 "
mètre, *s. m.*
décimètre, *s. m.* 1/10 de mètre.
centimètre, *s. m.* 1/100 "
millimètre, *s. m.* 1/1000 "
lieue, *s. f.* 4,44 kilom.
mille, *s. m.* { d'Anglet. 1,61 " / d'Italie. 1,85 " }
toise, *s. f.* 1,95 mètre.
aune, *s. f.* 1,19 "
pied, *s. m.* 3,25 décim.
pouce, *s. m.* 2,71 centim.
ligne, *s. f.* 2,26 millim. } mesures linéaires.
hectare, *s. m.* 10000 mètr. carrés.
are, *s. m.* 100 "
arpent, *s. m.* de Paris. 0,34 d'hectare.
perche, *s. f.* id. 0,34 d'are. } surface.
stère, *s. m.* 1 mètre cube.
corde, *s. f.* 3,84 stères.
voie, *s. f.* 1,92 " } solidité.
hectolitre, *s. m.* 100 litres.
litre, *s. m.* 1 décim. cube.
décilitre, *s. m.* 1/10 de litre.
muid, *s. m.* 2,68 hectol.
setier, *s. m.* 1,56 "
boisseau, *s. m.* 13,00 litres.
quarte, *s. f.* 1,86 "
pinte, *s. f.* de Paris. 0,93 "
chopine, *s. f.* 0,46 " } capacité.
poids, *s. m.*
millier[1], *s. m.* 1000 kilogram.
quintal, *s. m.* 100 "
kilogramme, *s. m.* 1000 grammes.
hectogramme, *s. m.* 100 "
gramme, *s. m.* 1 centim. cube d'eau.
décigramme, *s. m.* 1/10 de gramme. } poids.

livre, *s. f.* 0,49 kilogramme.
- marc, *s. m.* 0,24 "
once, *s. f.* 30,00 grammes.
gros, *s. m.* { 3,82 "
drachme, *s. f.* }
* denier, *s. m.* { 1,27 "
scrupule, *s. m.* }
grain, *s. m.* 0,05 " } poids.

———

Numéraire, *s. m.*
monnaie, *s. f.*
empreinte, *s. f.*
frappe, *s. f.* empreinte faite par le balancier.
frai, *s. m.* altération des monnaies par le frottement.
louis, *s. m.* France. fr. 23,55
guinée, *s. f.* Angleterre. 26,47
frédéric, *s. m.* Prusse. 20,80
couronne, *s. f.* id. 5,80
ducat, *s. m.* { Hollande. / Autriche. } 11,90
pistole, *s. f.* Espagne. 81,51
sequin, *s. m.* Rome. 11,80
écu, *s. m.* — tournois. 5,80
tournois, *adj. invar.* écu, livre —.
piastre, *s. f.* } 5,43
dollar, *s. m.* }
rixdale, *s. f.* varie suivant les lieux.
- rouble, *s. m.* Russie. 4,00
florin, *s. m.* { Hollande. 2,14 / Autriche. 2,60
schelling, *s. m.* Angleterre. 1,16
sterling, *adj. invar.* livre —.
franc, *s. m.*
billon, *s. m.* toute espèce de monnaie de cuivre.
batz, *s. m.* 0,14
creutzer, *s. m.* 0,03 1/2
décime, *s. m.* (un) 0,10
sou, *s. m.*
liard, *s. m.*
centime, *s. m.* (un)
* denier[2], *s. m.*
obole, *s. f.*

———

1. C'est le poids du tonneau de mer. 2. Dites : *denier à Dieu*, et non, *dernier adieu*.

XXII. INDUSTRIE.

industrie, *s. f.*
profession, *s. f.*
état, *s. m.*
métier, *s. m.*
artisan, *s. m.*
fabricant, *s. m.*
fabrication, *s. f.*
fabrique, *s. f.*
manufacture, *s. f.*
usine, *s. f.* établissement de forges, de verreries, etc.
forge, *s. f.*
fournaise, *s. f.*
atelier, *s. m.*
chef, *s. m.*
maître, *s. m.*
chef-d'œuvre, *s. m.* au pl. chefs-d'œuvre.
exposition, *s. f.*
brevet, *s. m.* — d'invention.
ouvrier, ère, *subst.*
compagnon, *s. m.* qui a fait son apprentissage.
livret, *s. m.*
attestation, *s. f.*
certificat, *s. m.*
* apprenti, tie, *subst.*
apprentissage, *s. m.*
occupation, *s. f.*
{ travail, *s. m.*
{ labeur, *s. m.*
ouvrage, *s. m.* (un)
paie, *s. f.* [paye]
salaire, *s. m.*

———

meunier, *s. m.*
moulin, *s. m.*
meule, *s. f.*
trémie, *s. f.* auge d'où le blé tombe sous la meule.
mouture, *s. f.*
farine, *s. f.*

sac, *s. m.*
{ sas, *s. m.*
{ tamis, *s. m.*
{ bluteau *ou* blutoir, *s. m.*
crible, *s. m.* gros sas.
boulanger, *s. m.*
four, *s. m.*
huche, *s. f.* (h *asp.*)
pâte, *s. f.*
{ levain, *s. m.*
{ ferment, *s. m.*
pâtissier, ère, *subst.*
confiseur, seuse, *subst.*
épicier, ère, *subst.*
boucher, chère, *subst.*
tripier, ère, *subst.*
* charcutier, ère, *subst.*
mareyeur, *s. m.*
harengère, *s. f.*
écailler, lère, *subst.*
laitier, ère, *subst.*
crémière, *s. f.*
laiterie, *s. f.*
fromagerie, *s. f.*
baratte, *s. f.* vase où l'on bat le beurre.
babeurre, *s. m.* | lait qui reste après qu'on a fait le beurre.
petit-lait, *s. m.* | lait dont on a tiré du beurre et du fromage.
présure, *s. f.* ce qui sert à faire cailler le lait.
fromage, *s. m.*
persillé, lée, *adj.*
brasseur, *s. m.*
distillateur, *s. m.*
* liquoriste, *s. m.*
restaurateur, *s. m.*
restaurant, *s. m.*
aubergiste, *subst.*
{ auberge, *s. f.*
{ hôtellerie, *s. f.*

hôte, tesse, *subst.*
cabaretier, *s. m.*
cabaret, *s. m.*
{ estaminet, *s. m.*
{ tabagie, *s. f.*

———

filature, *s. f.*
filasse, *s. f.*
quenouille, *s. f.*
fuseau, *s. m.*
bobine, *s. f.*
écheveau, *s. m.*
dévidoir, *s. m.*
peloton, *s. m.*
tissage, *s. m.*
tisserand, *s. m.*
chaîne, *s. f.* fils tendus sur le métier.
trame, *s. f.* fils passés dans la chaîne.
apprêt, *s. m.*
cati, *s. m.* apprêt sur les étoffes.
tailleur, *s. m.*
patron, *s. m.*
façon, *s. f.*
décousure, *s. f.*
déchirure, *s. f.*
accroc, *s. m.*
mangeure, *s. f.* (pr.-*ju*-) endroit mangé d'une étoffe.
*rentraiture, *s. f.*
fripier, ère, *subst.*
linger, ère, *subst.*
couturière, *s. f.*
ciseaux, *s. m. pl.*
dé, *s. m.*
aiguille, *s. f.*
étui, *s. m.*
épingle, *s. f.*
camion, *s. m.*
pelote, *s. f.*
échancrure, *s. f.*
biais, *s. m.*
chanteau, *s. m.* morceau d'étoffe terminé en pointe.

ampleur, *s. f.*
allonge, *s. f.* [alon-]
élargissure, *s. f.*
froncis, *s. m.*
plissure, *s. f.*
ourlet, *s. m.*
surjet, *s. m.*
entoilage, *s. m.* toile qui soutient une dentelle.
broderie, *s. f.*
plumetis, *s. m.*
tricot, *s. m.*
maille, *s. f.*
ravaudeuse, *s. f.*
blanchissage, *s. m.*
*blanchisseur, seuse, *subst.*
buanderie, *s. f.*
lessive, *s. f.*
chaudière, *s. f.*
chaudron, *s. m.*
cuvier, *s. m.*
charrée, *s. f.* cendre qui a servi à la lessive.
battoir, *s. m.*
savonnage, *s. m.*
{ étendoir, *s. m.*
{ séchoir, *s. m.*
repasseuse, *s. f.*
amidon, *s. m.* (le)
empois, *s. m.* (le)
calandre, *s. f.*
lissoir, *s. m.*
dégraisseur, *s. m.*
teinturier, ère, *subst.*
couleur, *s. f.*
nuance, *s. f.*
blanc, blanche, *adj.*
jaune, *adj.*
orangé, gée, *adj.*
vert, verte, *adj.*
bleu, bleue, *adj.*; au *pl.* bleus.
turquin, *adj. m.* bleu —, foncé.
azur, *s. m.*

violet, lette, *adj.*
pourpre, |s. m. rouge foncé.|s. f. étoffe teinte.
écarlate, *s. f.*
cramoisi, *s. m.*
ponceau, *s. m.*
rougeâtre, *adj.*
mordoré, rée, *adj.* brun mêlé de rouge.
brun, brune, *adj.*
gris, grise, *adj.*
noir, noire, *adj.*
ingrédient, *s. m.* (pr. *-diant*)
mordant, *s. m.*
garance, *s. f.* plante qui sert à teindre en rouge.
gaude, *s. f.* plante qui sert à teindre en jaune.
indigo, *s. m.*

—————

coiffeur, feuse, *subst.*
perruquier, *s. m.*
perruque, *s. f.*
toupet, *s. m.*
barbier, *s. m.*
rasoir, *s. m.*
savonnette, *s. f.*
cosmétique, *s. m.* |préparation pour embel-|lir la peau.
chapelier, ère, *subst.*
*bonnetier, ère, *subst.*
passementier, ère, *subst.*
galon, *s. m.*
* liseré, *s. m.*
gantier, ère, *subst.*
bottier, *s. m.*
cordonnier, ère, *subst.*
sabotier, *s. m.*
savetier, *s. m.*
cuir, *s. m.*
empeigne, *s. f.*
semelle, *s. f.*
carrelure, *s. f.*
poix, *s. f.*
alêne, *s. f.*
tranchet, *s. m.*

tanneur, *s. m.*
tan, *s. m.* écorce moulue.
tanin, *s. m.* eau imprégnée de tan.
corroyeur, *s. m.*
chamoiseur, *s. m.* |travaille les peaux pour|les gants, etc.
mégissier, *s. m.* fait les peaux blanches.
peaussier, *s. m.*
pelletier, *s. m.*
pelleterie, *s. f.*
fourreur, *s. m.*

—————

charron, *s. m.*
sellier, *s. m.*
carrossier, *s. m.*
bourrelier, *s. m.*
voiture, *s. f.*
fiacre, *s. m.*
omnibus, *s. m.*
équipage, *s. m.*
carrosse, *s. m.*
berline, *s. f.*
landau, *s. m.*
calèche, *s. f.*
cabriolet, *s. m.*
phaéton, *s. m.*
tilbury, *s. m.*
limonière, *s. f.* brancard d'une voiture.
limon, *s. m.* une des branches de la limonière.
timon, *s. m.*
*palonnier, *s. m.* |pièce à laquelle tiennent|les traits.
avant-train, *s. m.*
roue, *s. f.*
jante, *s. f.* une des pièces de la circonférence.
rais, *s. m.* bâton qui unit les jantes au moyeu.
moyeu, *s. m.* milieu de la roue.
essieu, *s. m.*
* cambouis, *s. m.*
harnais, *s. m.* (h *asp.*)
rênes, *s. f. pl.*
licou, *s. m.* [-col]
croupière, *s. f.* |partie du harnais qui passe|sous la queue du cheval.

bât, *s. m.* selle des bêtes de somme.
fouet, *s. m.*
charretier, *s. m.*
roulier, *s. m.*
sarrau, *s. m.*
*souquenille, *s. f.*
chariot, *s. m.*
charrette, *s. f.*
guimbarde, *s. f.* grand chariot.
tombereau, *s. m.*
crocheteur, *s. m.*
portefaix, *s. m.* [porte-faix]
fardeau, *s. m.*
léger, gère, *adj.*
*pesant, sante, *adj.*
messager, gère, *subst.*

————

architecte, *s. m.*
maçon, *s. m.*
manœuvre, *s. m.*
carrier, *s. m.* qui exploite une carrière.
chaufournier, *s. m.* faiseur de chaux.
plâtrier, *s. m.*
tuilier, *s. m.*
tuilerie, *s. f.*
charpentier, *s. m.*
*menuisier, *s. m.*
couvreur, *s. m.*
forgeron, *s. m.*
taillandier, *s. m.* fabricant d'outils.
serrurier, *s. m.*
ferblantier, *s. m.*
vitrier, *s. m.*
mastic, *s. m.*
peintre, *s. m.*
vernisseur, *s. m.*
vernis, *s. m.*
tapissier, ère, *subst.*
miroitier, *s. m.*
ébéniste, *s. m.*
placage, *s. m.* bois appliqué en feuilles.

*tabletier, *s. m.*
nacre, *s. f.* (la)
ivoire, *s. m.* (le)
ébène, *s. f.* (la)
acajou, *s. m.*
quincaillier, *s. m.*
bimbelotier, *s. m.*
coutelier, *s. m.*
rémouleur, *s. m.*
chaudronnier, *s. m.*
potier, *s. m.*
tonnelier, *s. m.*
boisselier, *s. m.*
vannier, *s. m.*

————

horloger, *s. m.*
chronomètre, *s. m.* instrument pour mesurer le temps.
montre, *s. f.*
cadran, *s. m.*
rouage, *s. m.*
pivot, *s. m.* petite roue.
pignon, *s. m.* axe d'une roue.
ressort, *s. m.*
balancier, *s. m.*
oscillation, *s. f.* mouvement du balancier, etc.
orfèvre, *s. m.*
bijoutier, *s. m.*
limaille, *s. f.*
fonte, *s. f.*
lingot, *s. m.*
carat, *s. m.* titre, degré de pureté de l'or.
alliage, *s. m.*
soudure, *s. f.*
tréfileur, *s. m.* tireur d'or.
filigrane, *s. m.* [filagramme] ouvrage d'or en forme de petits filets.
clinquant, *s. m.*
creux, creuse, *adj.*
massif, sive, *adj.*
*guillochis, *s. m.*
brillant, lante, *adj.*
mat, mate, *adj.*

émail, *s. m.*; *au pl.* émaux.
émailleur, *s. m.*
lapidaire, *s. m.*
facette, *s. f.*
joaillier, ère, *subst.*
joaillerie, *s. f.*
sertissure, *s. f.* enchâssure d'une pierre.

———

typographie, *s. f.* art de l'imprimerie.
imprimeur, *s. m.*
prote, *s. m.* ouvrier qui dirige l'imprimerie.
impression, *s. f.*
presse, *s. f.*
casse, *s. f.* caisse à compartiments.
type, *s. m.* caractère d'imprimerie.
majuscule, *adj.* lettre —, (A).
minuscule, *adj.* lettre —, (L ou a).
marge, *s. f.*
tome, *s. m.*
volume, *s. m.*
exemplaire, *s. m.*
format, *s. m.*
in-folio [1], *s. m.* |livre dont la feuille contient 2 feuillets ou 4 pages.
in-quarto [2], *s. m.* — contient 4 feuillets.
in-octavo [3], *s. m.* — contient 8 feuillets.
in-douze [4], *s. m.* — contient 12 feuillets.
in-dix-huit [5], *s. m.* — contient 18 feuillets.
satineur, *s. m.*
assembleur, bleuse, *subst.*
brocheur, cheuse, *subst.*
relieur, *s. m.*
reliure, *s. f.*
rognure, *s. f.*
colle, *s. f.*
cartonnage, *s. m.*
parchemin, *s. m.*
basane, *s. f.* peau de mouton.
maroquin, *s. m.*
signet, *s. m.* petit ruban qui sert de marque.

librairie, *s. f.*
annonce, *s. f.*
prospectus, *s. m.*
édition, *s. f.*
souscription, *s. f.*
livraison, *s. f.*
abonnement, *s. m.*
bouquiniste, *s. m.*
bouquin, *s. m.*
maculature, *s. f.*

———

outil, *s. m.*
règle, *s. f.*
compas, *s. m.*
équerre, *s. f.*
niveau, *s. m.*
cordeau, *s. m.*
hache, *s. f.* (h *asp.*)
ébauchoir, *s. m.*
racloir, *s. m.*
scie, *s. f.*
rabot, *s. m.*
riflard, *s. m.* rabot pour dégrossir.
* varlope, *s. f.* grand rabot pour unir.
doucine, *s. f.* rabot à moulures.
bouvet, *s. m.* rabot à rainures.
ciseau, *s. m.*
gouge, *s. f.* ciseau rond.
foret, *s. m.*
perçoir, *s. m.* [-çoire, *s. f.*]
tarière, *s. f.*   } outils à percer.
vilebrequin, *s. m.*
cheville, *s. f.*
clou, *s. m.*
vis, *s. f.* (une)
tournevis, *s. m.* [tourne-vis]
écrou, *s. m.* pièce percée à pas de vis.
boulon, *s. m.* |cheville dont l'extrémité entre à vis dans l'écrou.
truelle, *s. f.*

———

1, 2, 3, 4, 5. Prononcez *in-folio, in-kouarto, in-douze, in-dix-huit,* et **non** *ine-folio*, etc.; mais il faut dire *ine-octavo*.

croc, *s. m.*

crochet, *s. m.*

crampon, *s. m.*

*levier, *s. m.*

poulie, *s.f.*

moufle, *s. m.* [*s.f.*] assemblage de poulies.

cric, *s. m.*

treuil, *s. m.* machine pour élever les fardeaux.

cabestan, *s. m.* machine pour les tirer.

hotte, *s.f.* (h *asp.*)

brancard, *s. m.*

civière, *s.f.*

brouette, *s.f.*

échelle, *s.f.*

———

marteau, *s. m.*

maillet, *s. m.*

enclume, *s.f.*

billot, *s. m.*

tasseau, *s. m.* petite enclume portative.

poinçon, *s. m.*

bouterolle, *s.f.* poinçon à river.

étau, *s. m.*

tenaille, *s.f.* [-les, *s.f. pl.*]

pinces, *s.f. pl.*

brucelles, *s.f. pl.* petites pincettes.

cisailles, *s.f. pl.* grands ciseaux.

laminoir, *s. m.* machine composée de deux cylindres.

cylindre, *s. m.*

rouleau, *s. m.*

manivelle, *s.f.*

filière, *s.f.* outil pour faire les pas des vis.

taraud, *s. m.* outil pour les pas des écrous.

burin, *s. m.*

lime, *s.f.*

brunissoir, *s. m.*

XXIII. ÉDUCATION ET INSTRUCTION.

éducation, *s.f.*

instruction, *s.f.*

morale, *s.f.*

maxime, *s.f.*

précepte, *s. m.*

principe, *s. m.*

notion, *s.f.*

élément, *s. m.*

chose, *s.f.*

vérité, *s.f.*

réalité, *s.f.*

apparence, *s.f.*

vraisemblance, *s.f.*

enseignement, *s. m.*

mode, *s. m.* manière.

méthode, *s.f.*

leçon, *s.f.*

lecture, *s.f.*

alphabet, *s. m.*

abécédaire, *s. m.*

épellation, *s.f.*

prononciation, *s.f.*

écriture, *s.f.*

calligraphie, *s.f.* art de bien écrire.

modèle, *s. m.*

exemple[1], *s.f.* [*s. m.*]

cahier, *s. m.*

page, *s.f.*

transparent, *s. m.*

raie, *s.f.*

jambage, *s. m.*

rondeur, *s.f.*

liaison, *s.f.*

griffonnage, *s. m.*

barbouillage, *s. m.*

inlisible, *adj.*

———

1. *Exemple* est fém. ou masc. quand il signifie *modèle d'écriture*, et seulement masc. dans les autres cas.

lycée, *s. m.*
collége, *s. m.*
gymnase, *s. m.* lieu d'exercices, école publique.
séminaire, *s. m.*
institution, *s. f.*
pensionnat, *s. m.*
instituteur, trice, *subst.*
régent, *s. m.*
classe, *s. f.*
écolier, ère, *subst.*
élève, *subst.*
exercice, *s. m.*
faute, *s. f.*
devoir, *s. m.*
pensum, *s. m.*
discipline, *s. f.*
exhortation, *s. f.*
remontrance, *s. f.*
réprimande, *s. f.*
mercuriale, *s. f.*
censure, *s. f.*
correction, *s. f.*
obéissance, *s. f.*
soumission, *s. f.*
docilité, *s. f.*
application, *s. f.*
attention, *s. f.*
assiduité, *s. f.*
effort, *s. m.*
émulation, *s. f.*
zèle, *s. m.*
ardeur, *s. f.*
progrès, *s. m.*
approbation, *s. f.*
éloge, *s. m.*
louange, *s. f.*
concours, *s. m.*
prix, *s. m.*
accessit, *s. m. invar.*
relâche, *s. m.*
récréation, *s. f.*

ébats, *s. m. pl.*
congé, *s. m.*
campos, *s. m.*
vacances, *s. f. pl.*

———

Institut, *s. m.*
université, *s. f.*
académie, *s. f.*
école, *s. f.*
polytechnique, *adj.*
normal, male, *adj.*
recteur, *s. m.*
professeur, *s. m.*
savant, vante, *adj.*
érudit, dite, *adj.*
érudition, *s. f.*
science, *s. f.*
humanités, *s. f. pl.*
belles-lettres, *s. f. pl.*
littérature, *s. f.*
philosophie, *s. f.*
faculté, *s. f.*
théologie, *s. f.*
droit, *s. m.*
médecine, *s. f.*
bachelier, *s. m.* }
licencié, *s. m.* } degrés dans chaque faculté.
docteur, *s. m.* }
cours, *s. m.*
disciple, *s. m.*
collègue, *s. m.*
composition, *s. f.*
amplification, *s. f.* développement d'un sujet.
récitation, *s. f.*
déclamation, *s. f.*
harangue, *s. f.* (h *asp.*)
acquis, *s. m.*
connaissance, *s. f.*
examen, *s. m.*
thèse, *s. f.* proposition à discuter publiquement.
diplome, *s. m.* [-plô-]

XXIV. GÉOGRAPHIE.

Europe, s. f.
1. *Européen, enne, subst.*
Laponie, *s. f.* pays.
Norvége, *s. f.* royaume.
Suède, *s. f.* roy.
Stockholm, ville.
Danemarck, *s. m.* roy.
Danois, noise, *subst.*
Copenhague, ville.
Russie, *s. f.* empire.
Russe, *subst.*
Oural, *s. m.* montagnes.
Wolga, *s. m.* fleuve.
Néva, *s. f.* rivière.
Archangel, (pr. -*kan*-) ville.
Pétersbourg, ville.
Riga, ville.
Moscou, ville.
Odessa, ville.
Pologne, *s. f.* roy.
Polonais, naise, *subst.*
Varsovie, ville.
Angleterre, *s. f.* roy.
Anglais, glaise, *subst.*
Tamise, *s. f.* fleuve.
Liverpool, ville.
Manchester, ville.
Londres, ville.
Douvres, ville.
Écosse, *s. f.* roy.
Édimbourg, ville.
Glascow, [-gow] ville.
Irlande, *s. f.* roy.
Dublin, ville.
Pays-bas, *s. m. pl.*
Hollande, *s. f.* (h *asp.*) roy.
Hollandais, daise, *s.* (h *asp.*)

Amsterdam, ville.
Leyde, ville.
La Haye, ville.
Utrecht, ville.
Rotterdam, ville.
Belgique, *s. f.* roy.
Brabant, *s. m.* province.
Anvers, ville.
Flandre, *s. f.* prov.
Flamand, mande, *subst.*
Ostende, ville.
Gand, ville.
Bruxelles, (pr. -*celle*) ville.
Namur, ville.
Luxembourg, *s. m.* duché et ville.

FRANCE.

Provinces.	Départements (1).	Chefs-lieux.
	Nord.	
Flandre.	Nord.	Lille.
Artois.	Pas-de-Calais.	Arras.
Picardie.	Somme, r.	Amiens.
Normandie.	Seine-Infér.	Rouen.
	Eure, r.	Évreux.
	Orne, r.	Alençon.
	Calvados.	Caen.
	Manche.	Saint-Lô.
Ile-de-France.	Seine, r.	Paris.
	Seine-et-Oise.	Versailles.
	Seine-et-Marne	Melun.
	Oise, r.	Beauvais.
	Aisne, r.	Laon.
Champagne.	Ardennes.	Mézières.
	Marne, r.	Châlons.
	Haute-Marne.	Chaumont.
	Aube, r.	Troyes.

1. On a marqué de la lettre *r* les rivières qui donnent leur nom à des départements,

Provinces.	Départements.	Chefs-lieux.
Lorraine.	Moselle, r.	Bar-le-Duc.
	Meuse, r.	Metz.
	Meurthe, r.	Nancy.
	Vosges, m.	Épinal.
Alsace.	Bas-Rhin, r.	Strasbourg.
	Haut-Rhin	Colmar.

Milieu.

Provinces.	Départements.	Chefs-lieux.
Bretagne.	Ille-et-Vilaine, r.	Rennes.
	Côtes-du-Nord.	Saint-Brieuc
	Finistère.	Quimper.
	Morbihan.	Vannes.
	Loire-Infér.	Nantes.
Maine.	Mayenne, r.	Laval.
	Sarthe, r.	Le Mans.
Anjou.	Maine-et-Loire.	Angers.
Poitou.	Vendée, r.	Bourbon-Vendée.
	Deux-Sèvres, r.	Niort.
	Vienne, r.	Poitiers.
Aunis. Saintonge.	Charente-Inf.	La Rochelle.
Angoumois.	Charente, r.	Angoulême.
Limousin.	Haute-Vienne.	Limoges.
	Corrèze, r.	Tulles.
Marche.	Creuse, r.	Guéret.
Auvergne.	Puy-de-Dôme, m.	Clermont.
	Cantal, m.	Aurillac.
Lyonnais.	Loire, r.	Montbrison.
	Rhône, r.	Lyon.
Bourbonnais.	Allier, r.	Moulins.
Berri.	Cher, r.	Bourges.
	Indre, r.	Châteauroux.
Touraine.	Indre-et-Loire.	Tours.
Orléanais.	Eure-et-Loir.	Chartres.
	Loiret, r.	Orléans.
	Loir-et-Cher, r.	Blois.

Provinces.	Départements.	Chefs-lieux.
Nivernais.	Nièvre, r.	Nevers.
Bourgogne.	Yonne, r.	Auxerre.
	Côte-d'Or.	Dijon.
	Saône-et-Loire.	Mâcon.
	Ain, r.	Bourg.
Franche-Cté.	Haute-Saône, r.	Vesoul.
	Doubs, r.	Besançon.
	Jura, m.	Lons-le-Saulnier.

Sud.

Provinces.	Départements.	Chefs-lieux.
Béarn.	Basses-Pyrénées, m.	Pau.
Guienne.	Dordogne, r.	Périgueux.
	Gironde, r.	Bordeaux.
	Landes.	Mont-de-Marsan.
	Lot-et-Garonne, r.	Agen.
	Lot, r.	Cahors.
	Aveyron, r.	Rhodez.
	Tarn-et-Garonne	Montauban.
	Gers, r.	Auch.
	Hautes-Pyrén.	Tarbes.
Foix.	Arriège, r.	Foix.
Roussillon.	Pyrén.-Orient.	Perpignan.
Languedoc.	Haute-Loire.	Le Puy.
	Ardèche, r.	Privas.
	Lozère, m.	Mende.
	Gard, r.	Nîmes.
	Hérault, r.	Montpellier.
	Tarn, r.	Alby.
	Haute-Garonne	Toulouse.
	Aude, r.	Carcassonne.
Dauphiné.	Isère, r.	Grenoble.
	Drôme, r.	Valence.
	Hautes-Alpes, m.	Gap.
Provence.	Basses-Alpes.	Digne.
	Vaucluse.	Avignon.
	Bouches-du-Rhône.	Marseille.
	Var, r.	Draguignan.
	Corse.	Ajaccio.

et de la lettre *m* les montagnes qui sont dans le même cas. Quant aux autres départements, celui du Pas-de-Calais tire son nom du *Pas-de-Calais*, détroit.

    —— des Ardennes   »   des *Ardennes*, forêt.
    —— de la Manche   »   de la *Manche*, détroit.
    —— du Calvados   »   de *Calvados*, banc de rochers.
    —— du Finistère   »   de *Finistère*, cap.
    —— du Morbihan   »   de *Morbihan*, lagune.
    —— de la Côte-d'Or   »   de la *Côte-d'Or*, colline de vignobles.
    —— de Vaucluse   »   de *Vaucluse*, fontaine.

    Enfin les départements du *Nord*, des *Côtes-du-Nord*, des *Landes*, des *Bouches-du-Rhône*, de la *Corse*, ont des noms qui s'expliquent d'eux-mêmes.

Environs de Paris.
Pontoise, ville.
Montmorency, ville.
Saint-Denis, ville.
Pantin, village.
Montmartre, village.
Neuilly, village.
Nanterre, bourg.
Saint-Germain, ville.
Marly, village.
Saint-Cloud, bourg.
Longchamps, ancienne abbaye.
Passy, village.
Auteuil, village.
Sèvres, bourg.
Vaugirard, village.
Gentilly, village.
Vincennes, château.
Fontenay, village.
Brie, village.
Charenton, bourg.
Bicêtre, château.
Arcueil, village.
Sceaux, village.
Corbeil, ville.
Rambouillet, bourg.

———

Français, çaise, *subst.*
Parisien, enne, *subst.*
provincial, ale, *subst.*
Picard, carde, *subst.*
Normand, mande, *subst.*
Champenois, noise, *subst.*
Lorrain, raine, *subst.*
Alsacien, enne, *subst.*
Strasbourgeois, geoise, *subst.*
Breton, tonne, *subst.*
Nantais, taise, *subst.*
Poitevin, vine, *subst.*
Limousin, sine, *subst.*
Auvergnat, gnate, *subst.*

Lyonnais, naise, *subst.*
Orléanais, naise, *subst.*
Nivernais, naise, *subst.*
Bourguignon, gnonne, *subst.*
Franc-Comtois, Franc-Comtoise, *subst.*
Gascon, conne, *subst.*
Bordelais, laise, *subst.*
Languedocien, enne, *subst.*
Toulousain, saine, *subst.*
Nîmois, moise, *subst.*
Dauphinois, noise, *subst.*
Provençal, çale, *subst.*
Avignonnais, naise, *subst.*
Marseillais, laise, *subst.*

———

Allemagne, *s. f.* pays.
Allemand, mande, *subst.*
Hartz, *s. m.* (h *asp.*) montagnes.
Crapacks, monts.
Vistule, *s. f.* fleuve.
Oder, *s. m.* fleuve.
Elbe, *s. m.* fleuve.
Rhin, *s. m.* fleuve.
Danube, *s. m.* fleuve.
Prusse, *s. f.* roy.
Prussien, enne, *subst.*
Kœnigsberg, ville.
Dantzick, [-zig] ville.
Stettin, ville.
Berlin, ville.
Breslau, ville.
Brunswick, *s. m.* duché et ville.
Mecklenbourg, *s. m.* duché.
Hanovre, *s. m.* (h *asp.*) roy.
Gœttingue, ville et université.
Hambourg, (h *asp.*) ville.
Saxe, *s. f.* roy.
Leipsick, [-zig] ville.
Dresde, ville.
Hesse, *s. f.* (h *asp.*) duché.
Westphalie, *s. f.* prov.

9

Cologne, ville.
Coblentz, ville.
Francfort', ville.
Mayence, ville.
Nassau, duché et ville.
Darmstadt, duché et ville.
Bade *ou* Baden, duché.
Manheim, ville.
Carlsruhe, ville.
Rastadt, ville.
Wurtemberg, *s. m.* roy.
Stuttgard, (pr. *stout-*) ville.
Ulm, (pr. *oulm*) ville.
Bavière, *s. f.* roy.
Nuremberg, ville.
Augsbourg, (pr. *ôs-*) ville.
Munich, ville.
Bohême, *s. f.* roy.
Prague, ville.
Autriche, *s. f.* empire.
Vienne, ville.
Gratz, ville.
Trieste, ville.
Hongrie, *s. f.* (h *asp.*) roy.
Hongrois, groise, *s.* (h *asp.*)
Presbourg, ville.
Bude *ou* Ofen, ville.
Tyrol, *s. m.* comté.
Innspruck, ville.

＿＿＿＿

Suisse, *s. f.*
Helvétie, *s. f.*
Suisse, sesse, *subst.*
Aar, *s. f.* rivière.
Schaffhouse, canton et ville.
Bâle, canton et ville.
Argovie, *s. f.* canton.
Thurgovie, *s. f.* canton.
Saint-Gall, canton et ville.
Appenzell, canton et ville.
Zurich, canton et ville.

Soleure, canton et ville.
Lucerne, canton et ville.
Zug, (pr. *zoug*) canton et ville.
Schwitz, [Schwyz] canton et ville.
Glaris, canton et ville.
Unterwald, canton.
Uri, canton.
Berne, canton et ville.
Fribourg, canton et ville.
Gruyère, ville.
Neuchâtel, cant. et ville.
Vaud, canton.
Lausanne, ville.
Vevey, [-vay] ville.
Genève, cant. et ville.
Vallais, *s. m.* [Valais] canton.
Vallaisan, sanne, *subst.* [Valaisan]
Sion, ville.
Les Grisons, canton.
Tésin, *s. m.* [Tessin] canton.

＿＿＿＿

Savoie, *s. f.* duché.
Savoyard, arde, *subst.*
Savoisien, enne, *subst.*
Annecy, ville.
Chambéry, ville.
Italie, *s. f.* pays.
Apennins, *s. m. pl.* montagnes.
Pô, *s. m.* fleuve.
Piémont, *s. m.* principauté.
Turin, ville.
Gênes, ville.
Nice, ville.
Sardaigne, *s. f.* île.
Sarde, *subst.*
Lombardie, *s. f.* roy.
Milan, ville.
Venise, ville.
Vénitien, enne, *subst.*
Mantoue, ville.
Bologne, ville.

Modène, duché et ville.
Parme, duché et ville.
Toscane, *s. f.* duché.
Florence, ville.
Livourne, ville.
Rome, ville.
Romain, maine, *subst.*
Naples, roy. et ville.
Napolitain, taine, *subst.*
Vésuve, *s. m.* volcan.
Sicile, *s. f.* ile.
Etna, *s. m.* volcan.
Palerme, ville.
Espagne, *s. f.* roy.
Espagnol, gnole, *subst.*
Asturies, *s. f. pl.* montagnes.
Èbre, *s. m.* fleuve.
Tage, *s. m.* fleuve.
Bilbao, ville.
Pampelune, ville.
Burgos, ville.
Saragosse, ville.
Barcelone, ville.
Madrid, ville.
Séville, ville.
Cadix, (pr. -*dice*) ville.
Gibraltar, ville.
Portugal, *s. m.* roy.
Portugais, gaise, *subst.*
Oporto, ville.
Lisbonne, ville.
Turquie, *s. f.* empire.
Turc, Turque, *subst.*
Moldavie, *s. f.* prov.
Jassy, ville.
Valachie, *s. f.* prov.
Bucharest, (pr. -*ka*-) ville.
Belgrade, ville.
Bosphore, *s. m.* détroit.
Constantinople, ville.
Grèce, *s. f.* roy.
Grec, Grecque, *subst.*

Thèbes, ville.
Athènes, ville.
Corinthe, ville.
Corfou, ile et ville.
Candie, ile.
Malte, ile.

———

ASIE, *s. f.*
Caucase, *s. m.* montagnes.
Liban, *s. m.* montagnes.
Himalaya, *s. m.* montagnes.
*Euphrate, *s. m.* fleuve.
Tigre, *s. m.* fleuve.
Gange, *s. m.* fleuve.
Sibérie, *s. f.* pays.
Tobolsk, ville.
Tartarie, *s. f.* pays.
Samarcande, ville.
Anatolie, *s. f.* pays.
Brousse, ville.
Smyrne, ville.
Arménie, *s. f.* pays.
Erzéroum, ville.
Syrie, *s. f.* pays.
Alep, ville.
Damas, ville.
Bagdad, ville.
Palestine, *s. f.* pays.
Jérusalem, ville.
Chypre, [Cy-] ile.
Perse, *s. f.* roy.
Persan, sane, *subst.*
Téhéran, ville.
Ispahan, ville.
Cachemire, roy. et ville.
Chine, *s. f.* empire.
Chinois, noise, *subst*
Mongols, *s. m. pl.*
Mantchoux, *s. m. pl.* } peuples.
Kalmouks, *s. m. pl.*
Pékin, ville.
Nankin, ville.

Canton, ville.
Thibet, *s. m.* pays.
Japon, *s. m.* empire.
Nangasaki, ville.
Arabie, *s. f.* pays.
Médine, ville.
La Mecque, ville.
Moka, ville.
Inde, *s. f.* pays.
Indous, *s. m. pl.* [Hin-] peuple.
Delhy, ville.
Bénarès, ville.
Bengale, *s. m.* pays.
Calcutta, ville.
Mahrattes, *s. m. pl.* peuple.
Surate, ville.
Bombay, ville.
Pondichéry, ville.
Madras, ville.
Birmans, *s. m. pl.* peuple.
Ceylan, île.

———

AFRIQUE, *s. f.*
Atlas, *s. m.* montagnes.
Nil, *s. m.* fleuve.
Niger, *s. m.* fleuve.
Sénégal, *s. m.* fleuve et pays.
Sahara, *s. m.* désert.
Barbarie, *s. f.* pays.
Maroc, État et ville.
Alger, État et ville.
Constantine, ville.
Oran, ville.
Tunis, État et ville.
Carthage, ville.
Tripoli, État et ville.
Libye, *s. f.* pays.
Égypte, *s. f.* pays.
Le Caire, ville.
Memphis, ville.

Éthiopie, *s. f.* pays.
Guinée, *s. f.* pays.
Nigritie, *s. f.* pays.
Nègres, *s. m. pl.* peuple.
mulâtre [1], *subst.*
Cafrerie, *s. f.* pays.
Hottentots, *s. m. pl.* (h asp.) peuple.
Le Cap, *s. m.* ville.
Açores, *s. f. pl.* îles.
Madère, île.
Canaries, *s. f. pl.* îles.

———

AMÉRIQUE, *s. f.*
Américain, caine, *subst.*
créole, *subst.*
métis, tisse, *subst.*
Cordilières *ou* Andes, *s. f. pl.* montagnes.
Chimboraço, *s. m.* montagne.
Saint-Laurent, *s. m.* fleuve.
Missouri, *s. m.* fleuve.
Ohio, *s. m.* fleuve.
Orénoque, *s. m.* fleuve.
Maranon, *s. m. ou* Rivière des Amazones.
Canada, *s. m.* pays.
Québec, ville.
Etats-Unis, *s. m. pl.*
Boston, ville.
New-Yorck, (pr. *neu-*) État et ville.
Philadelphie, ville.
Baltimore, ville.
Nouvelle Orléans (la), ville.
Mexique, *s. m.* pays.
Mexico, ville.
Panama, isthme et ville.
Antilles, *s. f. pl.* îles.
Cuba, île.
La Havane, ville.
Haïti, *ou* Saint-Domingue, île.
Jamaïque, *s. f.* île.
Guadeloupe, *s. f.* (pr. *goua-*) île.

———

1. On trouve aussi *mulâtresse* pour le féminin.

Martinique, *s. f.* ile.
Colombie, *s. f.* pays.
Carthagène, ville.
Santa-Fé-de-Bogota, ville.
Quito, ville.
Guiane, *s. f.* [Guy-] pays.
Paramaribo *ou* Surinam, ville.
Cayenne, ville.
Pérou, *s. m.* pays.
Péruvien, enne, *subst.*
Lima, ville.
Cuzco, ville.
Brésil, *s. m.* pays.

Bahia *ou* San-Salvador, ville.
Rio-Janeiro, ville.
Potosi, ville.
Buénos-Ayres, pays et ville.
Chili, *s. m.* pays.
San-Yago, ville.
Patagons, *s. m. pl.* peuple.

———

OCÉANIE, *s. f.*
Australie, *s. f.* [-lasie] pays.
Java, ile.
Batavia, ville.
Bornéo, ile et ville.

XXV. MYTHOLOGIE.

Lieux célèbres de la Fable.

Olympe, s. m. } montagnes.
Parnasse, s. m. }
Hippocrène, s. f. fontaine.
Tempé, *s. m.* vallée.
Cythère, ile.
Paphos, ville.

Lerne, lac.
Charybde, [Ca-] } gouffres.
Scylla, }
Averne, *s. m.* lac.
Enfers, *s. m. pl.*
Tartare, *s. m.*

Achéron, *s. m.* }
Styx, *s. m.* }
Cocyte, *s. m.* } fleuves.
Phlégéton, *s. m.* }
Léthé, *s. m.* }
Élysée, *s. m.*

Divinités supérieures.

Saturne, *m.*
Cybèle, *f.*
Jupiter, *m.*
Junon, *f.*
Neptune, *m.*
Pluton, *m.*

Proserpine, *f.*
Apollon, *m.*
Vénus, *f.*
Minerve, *f.*
Diane, *f.*
Mars, *m.*

Bellone, *f.*
Mercure, *m.*
Vulcain, *m.*
Bacchus, *m.*
Vesta, *f.*
Cérès, *f.*

Divinités subalternes.

Plutus, *m.*
Momus, *m.*
Morphée, *m.*
Harpocrate, *m.*
Esculape, *m.*
Éole, *m.*
Zéphyre, *m.* [-phi-]
Flore, *f.*
Palès, *f.*

Pomone, *f.*
Vertumne, *m.*
Thémis, *f.*
Némésis, *f.*
Hébé, *f.*
Mnémosyne, *f.* |mère des |Muses.
Clio, *f.* Muse de l'Histoire.
Calliope, *f.* — Éloquence.
Melpomène, *f.* —Tragédie.

Thalie, *f.*—Comédie.
Euterpe, *f.*—Musique.
Érato, *f.*—Poésie lyrique.
Terpsichore, *f.*—Danse.
Polymnie, *f.*— Chant.
Uranie, *f.*—Astronomie.
Graces, *s. f. pl.* [Grâ-]
Pénates, *s. m. pl.*
Pan, *m.*

Satyre, *s. m.*	Nymphe, *s.f.*	Clotho, *f.* ⎫
Faune, *s. m.*	Néréide, *s. f.*	Lachésis, *f.* ⎬ Parques.
Sylvain, *s. m.*	Thétis, *f.* mère d'Achille.	Atropos, *f.* ⎭
Silène, *m.*	Naïade, *s.f.*	Euménides, *s. f. ou* Furies.
Amphitrite, *f.*	Dryade, *s. f.*	Alecton, *f.* ⎫
Nérée, *m.*	Écho [1], *f.*	Tisiphone, *f.* ⎬ Furies.
Téthys, *f.* mère des Néréides.	Parque, *s. f.*	Mégère, *f.* ⎭

Monstres.

Sirène, *s. f.*	Méduse, *f.*	Python, *s. m.* [Pi-]
Harpye, *s. f.* [-pie] (h *asp.*)	Cyclope, *s. m.*	Cerbère, *m.*
Gorgone, *s. f.*	Sphinx, *s. m.*	Minotaure, *s. m.*

Personnages célèbres de la Fable.

Hercule, *m.*	Ixion, *m.*	Pyrrhus, *m.*
Thésée, *m.*	Sisyphe, *m.*	Patrocle, *m.*
Castor, *m.*	Sibylle, *s.f.*	Agamemnon, *m.*
Pollux, *m.*	Pythie, *s. f.*	Ajax, *m.*
Jason, *m.*	Deucalion, *m.*	Nestor, *m.*
Persée, *m.*	Dédale, *m.*	Ulysse, *m.*
Amphion, *m.* ⎫	Amazone, *s.f.*	Philoctète, *m.*
Arion, *m.* ⎬ musiciens ou poètes.	OEdipe, *m.*	Thersite, *m.*
Orphée, *m.* ⎭	Phèdre, *f.*	Stentor [2], *m.*
Cadmus, *m.*	Circé, *f.*	Priam, *m.*
Prométhée, *m.*	Calypso, *f.*	Hector, *m.*
Pandore, *f.*	Oreste, *m.*	Pâris, *m.*
Phaéton, *m.*	Pylade, *m.*	Anchise, *m.*
Tantale, *m.*	Achille, *m.*	Énée, *m.*

XXVI. PERSONNAGES CÉLÈBRES DE L'HISTOIRE.

Souverains.

Temps anciens.			
	Numa.	Alexandre.	Trajan.
Ninus.	Nabuchodonosor.	Darius.	Marc-Aurèle.
Sémiramis.	Cyrus.	Mithridate.	Dioclétien.
Sésostris.	Crésus.	Cléopâtre.	Constantin.
David.	Tarquin.	Auguste.	Julien.
Salomon.	Xerxès.	Tibère.	Théodose.
Didon.	Dénys.	Néron.	Attila.
Romulus.	Philippe.	Tite-Vespasien.	Clovis.

1. *Écho* signifiant *son répété*, est du genre masculin. 2. Dites : *une voix de* Stentor, et non, *une voix de* Centaure.

Justinien.	Philippe-Auguste.	Henri VIII.	Pierre le Grand.
Moyen âge.	Gengis-Khan.	Louis XII.	Charles XII.
Grégoire I.	Louis IX.	François I.	Marie-Thérèse.
Mahomet.	Othman.	Charles-Quint.	Frédéric II.
Dagobert.	Tamerlan.	Elisabeth.	Catherine II.
Charlemagne.	Bajazet.	Marie Stuart.	Louis XV.
Othon 1.	*Temps modernes.*	Henri IV.	Joseph II.
Guillaume le Conquérant.	Louis XI.	Gustave-Adolphe.	Clément XIV.
Grégoire VII.	Charles le Téméraire.	Christine.	Louis XVI.
Godefroy.	Ferdinand le Catholique.	Charles I.	Tippo-Saëb.
Alexis Comnène.	Alexandre VI.	Cromwell.	Napoléon.
Saladin.	Léon X.	Louis XIV.	Alexandre I.

Guerriers et Navigateurs.

Anciens.	Sylla.	Turenne.	Dumouriez.
Miltiade.	César.	Condé.	Hoche.
Thémistocle.	Pompée.	Vauban.	Pichegru.
Léonidas.	Antoine.	Catinat.	Desaix.
Alcibiade.	Bélisaire.	Marlborough.	Moreau.
Agésilas.	*Modernes.*	Ruyter.	Kléber.
Épaminondas.	Du Guesclin.	Jean Bart.	Masséna.
Parménion.	Colomb.	Duguay-Trouin	Augereau.
Régulus.	Cortès.	Anson.	Souwarow.
Fabius.	Pizarre.	Cook.	Nelson.
Annibal.	Gonzalve.	La Pérouse.	Ney.
Scipion.	Coligny.	Bougainville.	Blucher.
Marius.	Drake.	La Fayette.	Mortier.

Législateurs et Juristes.

Moïse.	Zoroastre.	Puffendorf.	Filangieri.
Minos.	Confucius.	Cochin.	Cambacérès.
Lycurgue.	Tribonien.	Pothier.	Syeyès.
Dracón.	Cujas.	Penn.	Merlin.
Solon.	Grotius.	Beccaria.	Bentham.

Hommes d'État.

Aristide.	Morus.	Colbert.	Pitt.
Périclès.	L'Hospital (chancelier de)	Louvois.	Fox.
Caton.	Mornay.	Fleury.	Necker.
Côme de Médicis.	Sully.	Turgot.	Carnot.
Doria.	Richelieu.	D'Aguesseau.	Canning.
Ximénès.	Mazarin.	Washington.	Capo d'Istrias.

Philosophes.

Anciens.
Pythagore.
Ésope.
Thalès.
Zénon.
Héraclite.
Démocrite.
Socrate.
Platon.
Diogène.

Aristote.
Théophraste.
Pyrrhon.
Épicure.
Sénèque.
Épictète.
Modernes.
Albert le Grand.
Bacon (Roger).
Rabelais.

Montaigne.
La Rochefoucauld.
Descartes.
Hobbes.
Spinosa.
La Bruyère.
Locke.
Malebranche.
Leibnitz.
Newton.

Fontenelle.
Bonnet.
Helvétius.
Duclos.
Rousseau (J.-J.).
Smith.
Condillac.
Condorcet.
Lavater.
Kant.

Mathématiciens et Astronomes.

Euclide.
Archimède.
Ptolémée.
Copernic.

Tycho-Brahé.
Galilée.
Maupertuis.
Cassini.

Halley.
Bernoulli.
Euler.
Herschell.

Lalande.
La Place.
Lagrange.
Monge.

Physiciens et Chimistes.

Toricelli.
Huyghens.
Réaumur.
Franklin.

Volta.
De Saussure.
Lavoisier.
Priestley.

Cavendish.
Rumfort.
Scheele.
Berthollet.

Vauquelin.
Chaptal.
Davy.
Klaproth.

Naturalistes et Médecins.

Hippocrate.
Pline.
Celse.
Galien.

Avicenne.
Paracelse.
Boerhaave.
Linné.

Buffon.
Spallanzani.
Tronchin.
Tissot.

Gall.
Lacépède.
Cuvier.
Dupuytren.

Orateurs.

Isocrate.
Démosthène.
Cicéron.

Patru.
Bossuet.
Bourdaloue.

Fléchier.
Massillon.
Saurin.

Mirabeau.
Barnave.
Foy.

Écrivains ecclésiastiques.

Tertullien.
Eusèbe.
Origène.
Lactance.
S. Augustin.

S. Jérôme.
S. Chrysostome.
Alcuin.
Abailard.
S. Thomas d'Aquin.

Huss.
Luther.
Melanchthon.
Calvin.
S. François de Sales.

Fénélon.
Pascal.
Nicole.
Jansénius.
Arnauld.

Historiens.

Hérodote.
Thucydide.

Xénophon.
Polybe.

Salluste.
Tite-Live.

Tacite.
Suétone.

Plutarque.	Amyot.	Montesquieu.	Gibbon.
Grégoire de Tours.	Guichardin.	Robertson.	Barthélemy.
Joinville.	Mariana.	Hume.	Niebuhr.
Froissard.	De Thou.	Raynal.	Muller.
Commines.	Mézeray.	Rollin.	Koch.
Machiavel.	Retz (le cardinal de).	Vertot.	Ségur.

Poètes.

Anciens.	Ovide.	Corneille.	Beaumarchais.
Homère.	Phèdre.	Molière.	Voltaire.
Hésiode.	*Modernes.*	Racine.	Ducis.
Sapho.	Ossian.	Boileau.	Crébillon.
Anacréon.	Dante.	La Fontaine.	Gresset.
Pindare.	Pétrarque.	Regnard.	Alfieri.
Sophocle.	Boccace.	Addison.	Gessner.
Euripide.	Arioste.	Rousseau (J.-B.).	Klopstock.
Aristophane.	Le Tasse.	Pope.	Schiller.
Théocrite.	Le Camoëns.	Swift.	Gœthe.
Plaute.	Marot.	Métastase.	Chénier.
Térence.	Malherbe.	Goldoni.	Millevoye.
Virgile.	Shakespeare.	Young.	Le Brun.
Horace.	Milton.	Sterne.	Delille.
Tibulle.	Calderone.	Lessing.	Byron.

Romanciers.

Cervantes.	Fielding.	Florian.	Staël (Mme de).
Scarron.	Marivaux.	Richardson.	Genlis (Mme de).
Le Sage.	Marmontel.	Bernardin de Saint-Pierre.	Walter Scott.

Littérateurs et Critiques.

Aristarque.	Érasme.	Fréron.	Wieland.
Zoïle.	Balzac.	Diderot.	La Harpe.
Quintilien.	Bayle.	D'Alembert.	Schlegel.

Musiciens.

Lully.	Grétry.	Haydn.	Méhul.
Rameau.	Gluck.	Mozart.	Boieldieu.

Peintres et Sculpteurs.

Apelle.	Michel-Ange.	Van Dyck.	Le Sueur.
Phidias.	Le Titien.	Le Poussin.	Rembrandt.
Praxitèle.	Paul Véronèse.	Callot.	David.
Raphaël.	Carrache.	Téniers.	Canova.
Le Corrége.	Rubens.	Salvator Rosa.	Vernet.

XXVII. GRAMMAIRE, LITTÉRATURE.

grammaire, *s. f.*

langage, *s. m.*

idiome, *s. m.* [-ô-] langage propre à une nation.

idiotisme, *s. m.* expression propre à une langue.

gallicisme, *s. m.*

germanisme, *s. m.*

dialecte, *s. m.* idiome d'une province.

jargon, *s. m.*

patois, *s. m.*

voyelle, *s. f.*

diphthongue, *s. f.* réunion de deux sons en une syllabe.

accent, *s. m.*

aigu, guë, *adj.* (´)

grave, *adj.* (`)

circonflexe, *adj.* (^)

tréma, *s. m.* (¨)

élision, *s. f.* suppression d'une voyelle : *l'ame* pour *la ame.*

apostrophe, *s. f.* (')

cédille, *s. f.* (ҍ)

tiret, *s. m.* (-)

consonne, *s. f.*

syllabe, *s. f.*

monosyllabe, *s. m.* mot d'une syllabe.

mot, *s. m.*

terme, *s. m.*

technique, *adj.* propre à un art, à une science.

signification, *s. f.*

sens, *s. m.*

acception, *s. f.*

étymologie, *s. f.* origine d'un mot.

synonyme, *s. m.* mot qui a le même sens qu'un autre.

homonyme, *s. m.* mot qui a le même son qu'un autre.

terminaison, *s. f.*

déclinaison, *s. f.*

substantif, *s. m.*

genre, *s. m.*

masculin, line, *adj.*

féminin, nine, *adj.*

nombre, *s. m.*

singulier, ère, *adj.*

pluriel, elle, *adj.*

adjectif, *s. m.*

épithète, *s. f.*

conjugaison, *s. f.*

verbe, *s. m.*

auxiliaire, *adj.* (pr. ôkci-)

actif, tive, *adj.*

transitif, tive, *adj.*

passif, sive, *adj.*

neutre, *adj.*

intransitif, tive, *adj.*

participe, *s. m.*

ponctuation, *s. f.*

virgule, *s. f.* (,)

point-virgule, *s. m.* (;)

comma, *s. m.* ou deux points. (:)

point, *s. m.* (.)

interrogatif, tive, *adj.* (?)

exclamatif, tive, *adj.* (!)

phrase, *s. f.*

période, *s. f.*

paragraphe, *s. m.* (§)

alinéa, *s. m.* commencement d'un article, etc. marqué par une ligne rentrante.

accolade, *s. f.* ({)

parenthèse, *s. f.* (( ))

crochet, *s. m.* ([ ])

guillemet, *s. m.* (« »)

* astérisque, *s. m.* (un) (*)

orthographe, *s. f.*

syntaxe, *s. f.* construction des mots et des phrases.

solécisme, *s. m.* faute de syntaxe; *ex.* vos sœurs *travaille.*

barbarisme, *s. m.* faute de langue; *ex.* il faut que j'*alle.*

————

rhétorique, *s. f.* art de la composition.

trope, *s. m.* emploi d'un mot au figuré; *ex.* un homme *froid.*

métaphore, *s. f.* comparaison abrégée.

allégorie, *s. f.* suite de métaphores.
parabole, *s. f.* récit allégorique.
hyperbole, *s. f.* exagération.
antithèse, *s. f.* opposition de sens.
réticence, *s. f.* omission volontaire.
ellipse, *s. f.* |suppression de mots; ex. la St-Marc, pour *la fête de St Marc.*
inversion, *s. f.* transposition de mots.
périphrase, *s. f.* |ex. *l'astre du jour*, pour *le soleil.*
pléonasme, *s. m.* ex. je l'ai vu *de mes yeux.*
style, *s. m.*
clair, claire, *adj.*
correct, recte, *adj.*
concis, cise, *adj.* court, serré.
laconique, *adj.* concis.
familier, ère, *adj.*
épistolaire, *adj.*
diffus, fuse, *adj.* long et sans ordre.
incohérent, rente, *adj.* sans liaison.
éloquence, *s. f.*
élocution, *s. f.* manière de s'exprimer.
diction, *s. f.*
oratoire, *adj.*
pathétique, *adj.*
poétique, *adj.*
harmonieux, euse, *adj.*
pompeux, peuse, *adj.*
boursoufflé, flée, *adj.* [-souflé]
emphase, *s. f.*
redondance, *s. f.* [ré-] superfluité de paroles.
* cacophonie, *s. f.* ex. jusqu'aux côtes.
hiatus, *s. m.* ex. il alla à *Arles.*
amphibologie, *s. f.* ambiguïté.
amphigouri, *s. m.*
galimatias, *s. m.* [-thias]
phébus, *s. m.* style obscur et guindé.

———

logique, *s. f.* art du raisonnement.
argument, *s. m.* raisonnement, preuve.
persuasif, sive, *adj.*
péremptoire, *adj.* décisif, sans réplique.
spécieux, se, *adj.* |qui a quelque apparence de vérité.

captieux, se, *adj.* qui tend à tromper.
évasif, sive, *adj.* qui sert à éluder.
|supposition, *s. f.*
|hypothèse, *s. f.*
sophisme, *s. m.* argument captieux.
paradoxe, *s. m.* |proposition contraire à l'opinion générale.
axiome, *s. m.* [-ô-] ex. le *tout* est plus grand que la *partie.*
évident, dente, *adj.*
évidence, *s. f.*
définition, *s. f.*
démonstration, *s. f.*
|conséquence, *s. f.*
|corollaire, *s. m.*
théorie, *s. f.* principes d'un art, d'une science.
système, *s. m.*
nomenclature, *s. f.* |classification des mots d'une science.
catégorie, *s. f.* classe de choses de même nature

———

poésie, *s. f.*
versification, *s. f.*
prosodie, *s. f.* art de la prononciation.
rhythme, *s. m.* [ryth-] cadence.
vers, *s. m.*
hémistiche, *s. m.* |moitié du vers de 12 et de 10 syllabes.
rime, *s. f.*
poème, *s. m.* [poë-]
épique, *adj.* |qui contient le récit d'une action héroïque.
transition, *s. f.* (pr. -zi-)
digression, *s. f.* |ce qui n'appartient pas à l'action principale.
épisode, *s. m.*
drame, *s. m.*
acte, *s. m.*
scène, *s. f.*
intrigue, *s. f.*
dénouement, *s. m.* [-noû-]
tragédie, *s. f.*
tragique, *adj.*
comédie, *s. f.*
comique, *adj.*
opéra, *s. m.*
vaudeville, *s. m.*

ode, *s. f.*

strophe, *s. f.* } nombre déterminé de vers formant un sens complet.
stance, *s. f.* }

élégie, *s. f.*

idylle, *s. f.* } petits poëmes du genre pastoral.
églogue, *s. f.* }

fiction, *s. f.* invention fabuleuse.

fable, *s. f.*
apologue, *s. m.* (un)

fabuleux, leuse, *adj.*

conte, *s. m.*

satire, *s. f.*

épigramme, *s. f.*

sonnet, *s. m.*

rondeau, *s. m.*

romance, *s. f.*

chanson, *s. f.*

couplet, *s. m.*

refrain, *s. m.*

ariette, *s. f.*

quatrain, *s. m.*

distique, *s. m.* deux vers formant un sens.

bouts-rimés, *s. m. pl.*

impromptu, *s. m.* fait ou dit sans préparation.

énigme, *s. f.*

charade, *s. f.*

rébus, *s. m.*

——

prose, *s. f.*

discours, *s. m.*

exorde, *s. m.* commencement d'un discours.

exposition, *s. f.*

conclusion, *s. f.*

péroraison, *s. f.* conclusion d'un discours.

panégyrique, *s. m.* éloge.

apologie, *s. f.* justification.

histoire, *s. f.*

historien, *s. m.*

narration, *s. f.*
narré, *s. m.*
récit, *s. m.*

description, *s. f.*

chronologie, *s. f.* | science des époques historiques.

ère, *s. f.* point fixe pour compter les années.

laps, *s. m.* espace de temps.

époque, *s. f.*

date, *s. f.*

anachronisme, *s. m.* erreur de date.

chronique, *s. f.* histoire selon l'ordre des temps.

annales, *s. f. pl.* histoire rédigée par années.

tradition, *s. f.*

document, *s. m.* renseignement

notice, *s. f.*

nécrologie, *s. f.* notice historique sur un mort.

mémoires, *s. m. pl.*

contemporain, raine, *adj.*

anecdote, *s. f.*

aventure, *s. f.*

romanesque, *adj.*

chevaleresque, *adj.*

roman, *s. m.*

journal, *s. m.*

littéraire, *adj.*

périodique, *adj.* qui paraît a époques fixes.

hebdomadaire, *adj.* de chaque semaine.

mensuel, elle, *adj.* de chaque mois.

gazette, *s. f.*

feuilleton, *s. m.*

bulletin, *s. m.* nouvelles journalières.

nouvelle, *s. f.*

particularité, *s. f.*

opuscule, *s. m.*

brochure, *s. f.*

pamphlet, *s. m.* brochure diffamatoire.

diffamatoire, *adj.* qui attaque la réputation.

anonyme, *adj.* sans nom d'auteur.

libelle, *s. m.* }
diatribe, *s. f.* } écrits injurieux.

——

auteur, *s. m.*

écrivain, *s. m.*

classique, *adj.*

romantique, *adj.*

texte, *s. m.*

authentique, *adj.* qui fait autorité.

authenticité, *s. f.*

apocryphe, *adj.* |dont l'authenticité est suspecte.

citation, *s. f.*

fragment, *s. m.*

passage, *s. m.*

ambigu, guë, *adj.* à double sens.

ambiguïté, *s. f.* [-gui-]

interprétation, *s. f.*

explication, *s. f.*

éclaircissement, *s. m.*

{remarque, *s. f.*

{annotation, *s. f.*

commentaire, *s. m.*

traduction, *s. f.*

version, *s. f.*

dissertation, *s. f.*

traité, *s. m.*

rédaction, *s. f.*

épigraphe, *s. f.* sentence à la tête d'un livre.

devise, *s. f.*

frontispice, *s. m.*

dédicace, *s. f.*

épître, *s. f.*

préface, *s. f.*

préambule, *s. m.*

avant-propos, *s. m.*

introduction, *s. f.*

section, *s. f.*

chapitre, *s. m.*

supplément, *s. m.*

appendice, *s. m.* [*s. f.*]

note, *s. f.*

index, *s. m.*

répertoire, *s. m.*

errata, *s. m.*

extrait, *s. m.*

analyse, *s. f.* [-li-]

abrégé, *s. m.*

précis, *s. m.*

sommaire, *s. m.*

recueil, *s. m.*

chrestomathie, *s. f.* (pr.-*ti*-) |choix de morceaux.

manuel, *s. m.* livre d'instruction portatif.

vocabulaire, *s. m.*

glossaire, *s. m.* |dictionnaire de mots difficiles ou barbares.

{lexique, *s. m.*

{dictionnaire, *s. m.*

scientifique, *adj.*

technologique, *adj.*

universel, selle, *adj.*

encyclopédie, *s. f.*

XXVIII. NOMBRES, MATHÉMATIQUES.

quantité, *s. f.*

nombre, *s. m.*

pair, paire, *adj.* nombre—, somme—.

impair, paire, *adj.*

zéro, *s. m.*

un, une

deux

trois

quatre

cinq

six

sept

huit (h *asp.*)

neuf

dix

onze

douze

treize

quatorze

quinze

seize

dix-sept

Adjectifs numéraux.

dix-huit
dix-neuf
vingt
trente
quarante
cinquante
soixante
soixante et dix [1]
quatre-vingts [2]
quatre-vingt-dix [3]
cent
mille

Adjectifs numéraux.

couple [4], *s. f.* deux : *une couple de bœufs.* / *s. m.* le mâle et la femelle.
paire [5], *s. f.*
huitaine, *s. f.* (h *asp.*)
dizaine, *s. f.* [-xai-]
douzaine, *s. f.*
vingtaine, *s. f.*
plusieurs, *adj.*
pluralité, *s. f.*
plupart (la), *s. f.*
majorité, *s. f.*
minorité, *s. f.*

———

millier, *s. m.*
million , *s. m.* (1,000,000)
billion, *s. m.* } (1,000,000,000)
milliard, *s. m.* }
premier, ère, *adj.*
second, conde, *adj.*
deuxième, *adj.*
troisième, *adj.*
quatrième, *adj.*
cinquième, *adj.*
dixième, *adj.*
vingtième, *adj.*
centième, *adj.*
millième, *adj.*
partie, *s. f.*
aliquote, *adj.* | *partie*—, contenue sans fraction dans un tout.
fois, *s. f.*
simple, *adj.*
double, *adj.*
triple, *adj.*
quadruple, *adj.* (pr. *koua-*)
quintuple, *adj.* (pr. *kuin-*)
décuple, *adj.*
centuple, *adj.*
multiple, *adj.* | qui contient plusieurs fois un nombre sans reste.

mathématiques, *s. f. pl.*
calcul, *s. m.*
arithmétique, *s. f.*
chiffre , *s. m.*
addition, *s. f.*
somme, *s. f.*
total , *s. m.* ; *au pl.* totaux.
soustraction, *s. f.*
différence, *s. f.*
{ surplus, *s. m.*
{ excédant, *s. m.*
multiplication, *s. f.*
multiplicande, *s. m.* nombre à multiplier.
produit, *s. m.*
division, *s. f.*
dividende, *s. m.* nombre à diviser.
quotient, *s. m.* résultat d'une division.
entier, *s. m.*
reste, *s. m.*
fraction, *s. f.*
demie, *s. f.*
moitié, *s. f.*
tiers, *s. m.*
quart, *s. m.*
rapport, *s. m.*

1, 2, 3. Les mots *septante, octante* ou *huitante, nonante*, s'emploient en arithmétique.
4, 5. *Couple* ne marque que le nombre ; *paire* y ajoute une idée d'association, d'assortiment. Un boucher achète une *couple* de bœufs, un laboureur en achète une *paire.*

antécédent, s. m. premier terme d'un rapport.
conséquent, s. m. second terme.
proportion, s. f.
progression, s. f. suite de termes en proportion.
série, s. f. suite de quantités qui croissent ou décroissent.
algèbre, s. f.
théorème, s. m.
problème, s. m.
équation, s. f. (pr.-*koua*-)
solution, s. f.

———

géométrie, s. f.
ligne, s. f.
parallèle, adj. (||)
perpendiculaire, adj. (⊥)
vertical, cale, adj. dans la direction du fil d'aplomb.
horizontal, tale, adj. — de l'horizon.
diagonal, nale, adj. de biais.
oblique, adj.
inclinaison, s. f.
divergence, s. f. écartement de deux lignes partant du même point.
angle, s. m.
droit, droite, adj.
obtus, tuse, adj.
aigu, guë, adj.
triangle, s. m.
rectangle, s. m.
carré, s. m.
losange, s. m. [s. f.]
pentagone, s. m.
hexagone, s. m.
octogone, s. m.
polygone, s. m. figure à plusieurs côtés.
cercle, s. m.
centre, s. m.
milieu, s. m.
diamètre, s.m. ligne droite qui partage le cercle en deux parties égales.
circonférence, s. f.
circuit, s. m.
pourtour, s. m. étendue du contour.

figure, s. f.
angulaire, adj.
rond, ronde, adj.
ovale, adj.
symétrie, s. f.
irrégularité, s. f.

———

étendue, s. f.
dimension, s. f.
longueur, s. f.
long, longue, adj.
court, courte, adj.
bout, s. m.
extrémité, s. f.
largeur, s. f.
étroit, étroite, adj.
hauteur, s. f. (h asp.)
haut, haute, adj. (h asp.)
bas, basse, adj.
profondeur, s. f.
profond, fonde, adj.
distance, s. f.
intervalle, s. m. (un)
espace, s. m.
spacieux, euse, adj.
vaste, adj.
surface, s. f.
superficie, s. f.
plan, plane, adj. angle —, figure —.
plain, plaine, adj. plat, uni.
plat, plate, adj.
bombé, bée, adj.
convexe, adj.
concave, adj.
solide, s. m.
plein, pleine, adj. rempli.
vide, adj.
prisme, s. m. figure des alvéoles d'une ruche.
cube, s. m. figure du dé à jouer.
cône, s. m. figure du pain de sucre.

XXIX. ASTRONOMIE, PHYSIQUE, CHIMIE.

astronomie, *s. f.*

observation, *s. f.*

observatoire, *s. m.*

télescope, *s. m.*

firmament, *s. m.*

astre, *s. m.*

étoile, *s. f.*

constellation, *s. f.* amas d'étoiles.

pléiades, *s. f. pl.* l'une des constellations.

comète, *s. f.*

planète, *s. f.*

orbite, *s. f.* (la) route d'une planète.

rotation, *s. f.* mouvement circulaire.

sphère, *s. f.*

méridien, *s. m.*

équateur, *s. m.* (pr. *ékoua.*) } grands cercles de la sphère.

zodiaque, *s. m.*

écliptique, *s. f.*

tropique, *s. m.* petit cercle de la sphère.

solstice, *s. m.*

équinoxe, *s. m.*

globe, *s. m.*

hémisphère, *s. m.* (un) moitié du globe.

axe, *s. m.* ligne droite qui passe par un centre.

pôle, *s. m.* extrémité de l'axe.

arctique, *adj.* septentrional.

antarctique, *adj.* méridional.

longitude, *s. f.* | distance d'un lieu à un premier méridien.

latitude, *s. f.* distance d'un lieu à l'équateur.

horizon, *s. m.*

zénith, *s. m.* point vertical dans le ciel.

nadir, *s. m.* point opposé au zénith.

———

physique, *s. f.*

physicien, *s. m.*

nature, *s. f.*

cause, *s. f.*

effet, *s. m.*

phénomène, *s. m.*

atome, *s. m.* partie indivisible.

molécule, *s. f.* très-petite partie.

interstice, *s. m.* | espace entre les molécules d'un corps.

fluide, *s. m.*

élastique, *adj.*

compression, *s. f.*

condensation, *s. f.* | rapprochement des molécules.

dilatation, *s. f.* } écartement des molécules.

expansion, *s. f.* }

électricité, *s. f.*

aimant, *s. m.*

magnétisme, *s. m.* propriétés de l'aimant.

contact, *s. m.*

adhésion, *s. f.* } union d'un corps à un autre.

adhérence, *s. f.* }

baromètre, *s. m.*

thermomètre, *s. m.*

hygromètre, *s. m.* indique l'humidité de l'air.

aréomètre, *s. m.* pèse-liqueur.

appareil, *s. m.*

machine, *s. f.*

électrique, *adj.*

pneumatique, *adj.* pour pomper l'air.

soupape, *s. f.*

piston, *s. m.*

mécanique, *s. f.*

impulsion, *s. f.* | mouvement communiqué par le choc.

percussion, *s. f.* action de frapper.

choc, *s. m.*

résistance, *s. f.*

répulsion, *s. f.* action de repousser.

optique, *s. f.*

loupe, *s. f.* verre à grossir.

microscope, *s. m.*

objet, *s. m.*

lumière, *s. f.*

intensité, *s. f.*

réfraction, *s. f.* déviation d'un rayou de lumière.
réflexion, *s. f.*
reflet, *s. m.*
réverbération, *s. f.*

———

chimie, *s. f.*
affinité, *s. f.* tendance des substances à s'unir.
attraction, *s. f.*
fermentation, *s. f.*
ébullition, *s. f.*
effervescence, *s. f.* bouillonnement.
évaporation, *s. f.*
gaz, *s. m.* émanation invisible.
hydrogène, *s. m.* air inflammable.
oxygène, *s. m.* [-xi-] air respirable.
alcohol, *s. m.* [-cool] esprit de vin.
éther, *s. m.*
volatil, tile, *adj.*
phosphore, *s. m.*

manipulation, *s. f.* opération de chimie.
distillation, *s. f.*
quintessence, *s. f.*
mélange, *s. m.*
amalgame, *s. m.* [*s. f.*] mélange.
filtration, *s. f.*
sédiment, *s. m.* dépôt d'une liqueur.
laboratoire, *s. m.*
fourneau, *s. m.*
creuset, *s. m.*
alambic, *s. m.* [-lem-] } appareils pour la distillation.
cornue, *s. f.*
récipient, *s. m.* vase qui reçoit le produit de la distillation.
bocal, *s. m.; au pl.* bocaux.
{tuyau, *s. m.*
{tube, *s. m.*
siphon, *s. m.* tube recourbé.
capsule, *s. f.* vase pour les évaporations.
bain-marie, *s. m.*

XXX. BEAUX-ARTS.

musique, *s. f.*
vocal, cale, *adj.*
instrumental, tale, *adj.*
musicien, enne, *subst.*
virtuose, *subst.* qui excelle dans la musique.
solfége, *s. m.* éléments de musique.
gamme, *s. f.*
diapason, *s. m.* instrument pour donner le ton; étendue d'une voix, etc.
ton, *s. m.*
dièse, *s. m.* hausse la note d'un demi-ton.
bémol, *s. m.* la baisse d'un demi-ton.
bécarre, *s. m.* la rétablit dans le ton naturel.
cadence, *s. f.*
pause, *s. f.*
mélodie, *s. f.*
thème, *s. m.*
variation, *s. f.*
partition, *s. f.* ensemble des parties d'une composition.
solo, *s. m. invar.*

duo, *s. m. invar.*
trio, *s. m. invar.*
quatuor, *s. m. invar.* (pr. *koua-*)
harmonie, *s. f.*
symphonie, *s. f.* concert d'instruments.
orchestre, *s. m.*
concert, *s. m.*
chœur, *s. m.*
coryphée, *s. m.* chef de chœurs.
chant, *s. m.*
basse, *s. f.*
ténor, *s. m.*
soprano, *s. m.* dessus.
chanteur, *s. m.*
cantatrice, *s. f.*
intonation, *s. f.*
dissonnance, *s. f.* [-sonan-]
consonnance, *s. f.*
accompagnement, *s. m.*

instrument, *s. m.*

flageolet, *s. m.*

fifre, *s. m.*

cornemuse, *s.f.*

musette, *s.f.*

flûte, *s.f.*

* clarinette, *s.f.*

hautbois, *s. m.* [haut-bois] (h *asp.*)

basson, *s. m.*

anche, *s. f.* |petit tuyau plat servant d'embou-|chure au basson, etc.

trombone, *s. m.*

cor, *s. m.*

trompette, *s.f.*

clairon, *s. m.* trompette à son aigu.

tambour, *s. m.*

cymbale, *s.f.*

lyre, *s.f.*

guitare, *s.f.*

luth, *s. m.*

théorbe, *s. m.* [thu-] espèce de luth.

harpe, *s.f.* (h *asp.*)

clavecin, *s. m.*

piano, *s. m. ou* piano-forté.

orgue, *s. m.; fém. au pl.*

pédale, *s.f.* touche qu'on abaisse avec le pied.

doigter, *s. m.* [-té]

vielle, *s.f.*

violon, *s. m.*

violoncelle, *s. m.*

archet, *s. m.*

* colophane, *s.f.*

———

architecture, *s.f.*

monument, *s. m.*

pyramide, *s.f.*

obélisque, *s. m.* pyramide étroite et élevée.

inscription, *s.f.*

hiéroglyphe, *s. m.* |figure représentant une|lettre, un mot, une idée.

sculpture, *s.f.*

relief, *s. m.*

groupe, *s. m.*

statuaire, *s. m.*

statue, *s.f.*

équestre, *adj.* (pr. -kues-) statue —.

colossal, sale, *adj.*

caryatide, *s. f.* [-ri-] figure soutenant une corniche.

torse, *s. m.* tronc d'une statue.

buste, *s. m.*

socle, *s. m.* base carrée.

piédestal, *s. m.* support de colonne, etc.

gravure, *s.f.*

taille-douce, *s.f.*

lithographie, *s.f.*

arabesques, *s.f. pl.* sorte d'ornements.

vignette, *s.f.*

estampe, *s.f.*

image, *s.f.*

caricature, *s.f.*

grotesque, *adj.*

———

dessin, *s. m.*

crayon, *s. m.*

pastel, *s. m.* crayon de couleur.

estompe, *s.f.*

calque, *s. m.*

esquisse, *s.f.*

croquis, *s. m.* esquisse faite à la hâte.

ébauche, *s.f.*

peinture, *s.f.*

tableau, *s. m.*

paysage, *s. m.*

perspective, *s.f.*

lointain, *s. m.*

lavis, *s. m.* dessin à l'encre de la Chine.

aquarelle, *s.f.* |(pr. -koua-) peinture en cou-|leurs à l'eau.

gouache, *s.f.* peinture à l'eau à couleurs épaisses.

détrempe, *s.f.* |couleurs délayées avec de l'eau|et de la gomme.

fresque, *s.f.* peinture sur plâtre.

miniature, *s.f.*

teinte, *s.f.*

coloris, *s. m.*

incarnat, nate, *adj.*

portrait, *s. m.*
imitation, *s. f.*
ressemblance, *s. f.*
profil, *s. m.*
silhouette, *s. f.* |profil tracé d'après l'ombre d'une figure.

chevalet, *s. m.*
appui-main, *s. m.*
palette, *s. f.* |tablette mince pour mélanger les couleurs.
pinceau, *s. m.*
mannequin, *s. m.* figure d'homme en bois, etc.

XXXI. FÊTES ET AMUSEMENTS.

fête, *s. f.*
réjouissance, *s. f.*
illumination, *s. f.*
spectacle, *s. m.*
théâtre, *s. m.*
théâtral, trale, *adj.*
décors, *s. m. pl.*
décoration, *s. f.*
coulisse, *s. f.*
avant-scène, *s. f.* (la)
loge, *s. f.*
acteur, trice, *subst.*
artiste, *subst.*
tragédien, enne, *subst.*
comédien, enne, *subst.*
début, *s. m.*
personnage, *s. m.*
rôle, *s. m.*
applaudissement, *s. m.*
acclamation, *s. f.*
cabale, *s. f.*
sifflet, *s. m.*
huée, *s. f.* (h *asp.*)
suspension, *s. f.*
arrestation, *s. f.*
tranquillité, *s. f.*
continuation, *s. f.*
*pantomime, *s. f.*
ballet, *s. m.*
bal, *s. m.*
mascarade, *s. f.*
masque, *s. m.*
déguisement, *s. m.*

domino, *s. m.* habit de bal masqué.
bigarrure, *s. f.*
danse, *s. f.*
valse, *s. f.*
sauteuse, *s. f.*
contredanse, *s. f.* [contre-danse]
quadrille, *s. m.*
chassé, *s. m.*
croisé, *s. m.*

———

cirque, *s. m.*
amphithéâtre, *s. m.*
gradin, *s. m.*
arène, *s. f.* centre de l'amphithéâtre.
lutte, *s. f.*
pugilat, *s. m.* combat à coups de poings.
gantelet, *s. m.*
ceste, *s. m.* gantelet garni de plomb.
athlète, *s. m.* }
gladiateur, *s. m.* } combattants.
carrière, *s. f.*
course, *s. f.*
tournoi, *s. m.* fête militaire des chevaliers.
lice, *s. f.* enceinte pour les courses, les joûtes.
joûte, *s. f.* [jou-]
carrousel, *s. m.*
écuyer, *s. m.*
sauteur, *s. m.*
funambule, *subst.*
équilibre, *s. m.*
aplomb, *s. m.*
pirouette, *s. f.*
tremplin, *s. m.* |planche élastique d'où s'élancent les sauteurs.

élan, *s. m.*
bond, *s. m.*
saut, *s. m.*
culbute, *s. f.*
tréteaux, *s. m. pl.* théâtre de foire.
histrion, *s. m.*
bateleur, se, *s.* | qui fait des tours d'adresse, de souplesse.
arlequin, *s. m.*
baladin, *s. m.*
| paillasse, *s. m.*
| gille, *s. m.*
escamoteur, *s. m.*
jongleur, *s. m.*
ventriloque, *s. m.*
fantasmagorie, *s. f.* [phan-]
marionnette, *s. f.*
* polichinel, *s. m.* [-nelle]
pantin, *s. m.*
automate, *s. m.* | machine qui imite les mouvements de l'homme.
| ballon, *s. m.*
| aérostat, *s. m.*
*aéronaute, *s. m.* qui voyage en ballon.

———

jeu, *s. m.*
pari[1], *s. m.*
gageure, *s. f.* (pr. *-júre*)
loto, *s. m.*
loterie, *s. f.*
numéro, *s. m.*
ambe, *s. m.* (un)
quaterne, *s. m.* (pr. *koua-*)
carte, *s. f.*
tarotée, *adj. f.* | carte —, à dos couvert de compartiments.
sixain, *s. m.*
triomphe, *s. f.* (la)
reversi, *s. m.* [-sis]
bouillote, *s. f.* [-lotte]
*brelan, *s. m.*
whist *ou* wisk, *s. m.* (pr. *euist, ouisk.*)
hombre, *s. m.*

enjeu, *s. m.* mise.
as, *s. m.*
atout, *s. m.* [à-tout]
retourne, *s. f.*
levée, *s. f.*
vole[3], *s. f.*
revanche[3], *s. f.* (la)
jeton, *s. m.*
trictrac, *s. m.*
damier, *s. m.*
pion, *s. m.*
échiquier, *s. m.*
échecs, *s. m. pl.* (pr. *échè*)
billard, *s. m.*
paume, *s. f.*
volant, *s. m.*
raquette, *s. f.*
quillier, *s. m.*
quille, *s. f.*
boule, *s. f.*
mail, *s. m.* espèce de jeu de boules.
palet, *s. m.*
tir, *s. m.*
butte, *s. f.* élévation où l'on place le but.
cibe *ou* cible, *s. f.*

———

jouet, *s. m.*
hochet, *s. m.* (h *asp.*)
joujou, *s. m.*
poupée, *s. f.*
osselets, *s. m. pl.*
*toton, *s. m.*
*jonchets, *s. m. pl.*
bilboquet, *s. m.*
crécelle, *s. f.*
toupie, *s. f.*
sabot, *s. m.*
bille, *s. f.*
mérelle, *s. f.* [ma-]
bâtonnet, *s. m.*

1. Vulgair. *pariure.* 2. Dites : *faire la* vole, et non, *la volte.* 3. Vulgair. *revenge.*

guimbarde, *s. f.*	**CHASSE ET PÊCHE.**
mirliton, *s. m.*	chasseur, *s. m.*
*sarbacane, *s. f.*	braconnier, *s. m.* qui chasse furtivemen sur les terres d'autrui.
échasse, *s. f.*	leurre, *s. m.* cuir rouge en forme d'oiseau.
patin, *s. m.*	glu, *s. f.*
glissoire, *s. f.*	gluau, *s. m.*
balançoire, *s. f.*	lacs, *s. m.* (pr. *lá*) } filets pour la chasse.
escarpolette, *s. f.*	rets, *s. m.* (pr. *ré*) }
équitation, *s. f.* (pr. -*kui*-)	réseau, *s. m.* petit rets.
manége, *s. m.*	trappe, *s. f.*
allure, *s. f.*	trébuchet, *s. m.* cage à trappe
pas, *s. m.*	appeau, *s. m.* espèce de sifflet.
trot, *s. m.*	meute, *s. f.*
galop, *s. m.*	laisse [1], *s. f.* lien pour conduire des chiens.
amble, *s. m.* allure où le cheval lève à la fois les deux jambes du même côté.	limier, *s. m.* grand chien courant.
bride, *s. f.*	braque, *s. m.* chien d'arrêt.
mors, *s. m.*	basset, *s. m.*
frein, *s. m.*	trace, *s. f.*
muserolle, *s. f.* partie de la bride au-dessus du nez.	vestige, *s. m.*
selle, *s. f.*	piste, *s. f.* trace des pas.
arçon, *s. m.* cintre en bois d'uné selle.	gibier, *s. m.*
sangle, *s. f.*	venaison, *s. f.* chair de gibier.
martingale, *s. f.* courroie qui tient à la muserolle et à la sangle.	gibecière, *s. f.*
caparaçon, *s. m.* couverture.	carnassière, *s. f.*
housse, *s. f.* (h asp.) couverture sur la croupe.	pêcheur, *s. m.*
étrier, *s. m.*	appât, *s. m.*
étrivière, *s. f.* courroie qui soutient les étriers.	amorce, *s. f.*
éperon, *s. m.*	hameçon, *s. m.*
cravache, *s. f.*	harpon, *s. m.* (h *asp.*)
houssine, *s. f.* (h *asp.*)	filet, *s. m.*
natation, *s. f.*	trouble *ou* truble, *s. f.* filet en entonnoir.
escrime, *s. f.*	nasse, *s. f.*
gymnastique, *s. f.*	réservoir, *s. m.*

XXXII. CAMPAGNE.

campagne, *s. f.*	environs, *s. m. pl.*
site, *s. m.*	entours, *s. m. pl.*
situation, *s. f.*	alentours, *s. m. pl.*
position, *s. f.*	champêtre, *adj.*

1. Dites : *mener des chiens* en *laisse*, et non, à la *laisse*.

pittoresque, *adj.*
bourg, *s. m.*
village, *s. m.*
hameau, *s. m.* (h asp.) petit village sans église.
villageois, geoise, *subst.*
campagnard, gnarde, *subst.*
paysan, sanne, *subst.*
fermier, ère, *subst.*
métayer, ère, *s.* | qui partage la récolte avec le propriétaire.
métairie, *s. f.*
agriculteur, *s. m.*
faucheur, *s. m.*
moissonneur, neuse, *subst.*
vigneron, *s. m.*
bûcheron, *s. m.*
pâtre, *s. m.* gardien de gros bétail.
berger, gère, *subst.*
houlette, *s. f.* (h asp.)
bouvier, *s. m.*
porcher, *s. m.* gardeur de pourceaux.
bétail, *s. m.*
bestiaux, *s. m. pl.*
troupeau, *s. m.*
haras, *s. m.* (h asp.) | lieu où l'on élève des chevaux.

———

domaine, *s. m.*
rural, rale, *adj.* bien rural, fonds ruraux.
rustique, *adj.* vie rustique, travaux rustiques.
bergerie, *s. f.* |
bercail, *s. m.* | logement des moutons.
porcherie, *s. f.* — des cochons.
chenil, *s. m.* — des chiens de chasse.
écurie, *s. f.* — des chevaux, etc.
étable, *s. f.* — des vaches.
litière, *s. f.*
râtelier, *s. m.*
crèche, *s. f.*
mangeoire, *s. f.*
auge, *s. f.*
étrille, *s. f.*

grange, *s. f.*
grenier, *s. m.*
silo, *s. m.* fosse où l'on conserve les grains.
remise, *s. f.*
abri, *s. m.*
| hangar, *s. m.* [-gard] (h *asp.*)
| appentis, *s. m.*
citerne, *s. f.* réservoir d'eau de pluie.
puits, *s. m.*
artésien, enne, *adj.* puits —.
pompe, *s. f.*
basse-cour, *s. f.*
poulailler, *s. m.*
juc, *s. m.* | lieu où les poules, etc. se per-
juchoir, *s. m.* | chent pour dormir.
colombier, *s. m.*
volière, *s. f.*
cage, *s. f.*

———

manoir, *s. m.* maison, demeure.
château, *s. m.*
donjon, *s. m.* tour forte d'un château.
tertre, *s. m.* monticule.
terrasse, *s. f.*
plate-forme, *s. f.*
esplanade, *s. f.* lieu élevé et découvert.
jet-d'eau[1], *s. m.* [jet d'eau]
pavillon, *s. m.*
kiosque, *s. m.* pavillon à la turque.
banc, *s. m.*
jardin, *s. m.*
parterre, *s. m.*
serre, *s. f.*
treille, *s. f.*
potager, *s. m.*
plate-bande, *s. f.*
jardinage, *s. m.*
gazon, *s. m.*
boulingrin, *s. m.* pièce de gazon.
pelouse, *s. f.* herbe courte.

1. Vulgair, *jeu d'eau.*

verdure, *s. f.*

verger, *s. m.*

pré, *s. m.* prairie naturelle.

prairie, *s. f.* — artificielle.

pâturage, *s. m.*

champ, *s. m.*

semis, *s. m.* lieu ensemencé.

chenevière, *s. f.* [chè-, ché-], champ semé de chenevis.

pépinière, *s. f.*

plantation, *s. f.*

vignoble, *s. m.*

échalas, *s. m.*

———

voie, *s. f.*

chemin, *s. m.*

avenue, *s. f.*

allée, *s. f.*

parc, *s. m.*

enceinte, *s. f.*

enclos, *s. m.*

clôture, *s. f.*

haie, *s. f.* (h *asp.*)

charmille, *s. f.*

grille, *s. f.*

claire-voie, *s. f.*

bosquet, *s. m.*

touffu, fue, *adj.*

solitaire, *adj.*

bocage, *s. m.*

sentier, *s. m.*

labyrinthe, *s. m.* lieu coupé de détours.

glacière, *s. f.*

étang, *s. m.*

mare, *s. f.*

flaque, *s. f.* petite mare.

marais, *s. m.*

marécage, *s. m.*

vase, *s. f.* bourbe.

fange, *s. f.*

bourbier, *s. m.*

fondrière, *s. f.* bourbier profond.

culture, *s. f.*

terrain, *s. m.* [-rein]

terroir, *s. m.* } terrain considéré sous le rapport de ses productions.

sol, *s. m.*

fertile, *adj.*

fécond, conde, *adj.*

stérile, *adj.*

aride, *adj.*

jachère, *s. f.* terre qu'on laisse reposer.

exploitation, *s. f.*

défrichement, *s. m.*

labour, *s. m.*

labourage, *s. m.*

guéret, *s. m.* terre labourée non ensemencée.

sillon, *s. m.*

engrais, *s. m.*

fumier, *s. m.*

terreau, *s. m.* terre noire mêlée de fumier.

semence, *s. f.*

semaille, *s. f.*

rigole, *s. f.*

irrigation, *s. f.* arrosement par rigoles.

production, *s. f.*

floraison, *s. f.*

fenaison, *s. f.* [fa-]

récolte, *s. f.*

moisson, *s. f.*

gerbe, *s. f.*

lien, *s. m.*

vendange, *s. f.*

———

instrument, *s. m.*

aratoire, *adj.* instrument —, pour labourer.

charrue, *s. f.*

soc, *s. m.* partie destinée à renverser la terre.

attelage, *s. m.*

joug, *s. m.*

aiguillon, *s. m.* (pr. -*gu-illon*)

semoir, *s. m.*

herse, *s. f.* (h *asp.*) instrument pour recouvrir le grain semé.

bêche, *s. f.*

pioche, *s. f.*	arrosoir, *s. m.* (un)
houe, *s. f.* (h *asp.*)	faux, *s. f.*
hoyau, *s. m.* (h *asp.*) houe à 2 fourchons.	faucille, *s. f.*
sarcloir, *s. m.*	serpe, *s. f.*
fourche, *s. f.*	* fléau, *s. m.*
râteau, *s. m.*	van, *s. m.*
ratissoire, *s. f.*	pressoir, *s. m.*

XXXIII. VOYAGE ET NAVIGATION.

promenade, *s. f.*	portefeuille, *s. m.* [porte-feuille]
excursion, *s. f.*	passeport, *s. m.* [passe-port.]
préparatif, *s. m.*	carnet, *s. m.* petit livre de notes.
blouse, *s. f.*	agenda, *s. m. inv.* carnet pour les choses à faire.
bissac, *s. m.*	itinéraire, *s. m.* note des lieux où passe le voyageur.
{gourde, *s. f.*	carriole, *s. f.*
{calebasse, *s. f.*	cahot, *s. m.*
bâton, *s. m.*	cahotage, *s. m.*
gourdin, *s. m.*	messagerie, *s. f.*
départ, *s. m.*	diligence, *s. f.*
route, *s. f.*	conducteur, *s. m.*
hâte, *s. f.* (h *asp.*)	postillon, *s. m.*
précipitation, *s. f.*	relai, *s. m.* [-lais] lieu où l'on change de chevaux.
fatigue, *s. f.*	destination, *s. f.*
lassitude, *s. f.*	arrivée, *s. f.*
las, lasse, *adj.*	séjour, *s. m.*
harassé, sée, *adj.* (h *asp.*)	embarquement, *s. m.*
épuisement, *s. m.*	trajet, *s. m.*
appétit, *s. m.*	traversée, *s. f.*
faim, *s. f.*	bourrasque, *s. f.* vent violent sur mer.
soif, *s. f.*	rafale, *s. f.* coup de vent venant de terre.
station, *s. f.*	tempête, *s. f.*
coucher, *s. m.*	tourmente, *s. f.*
sommeil *ou* somme, *s. m.*	roulis, *s. m.* balancement d'un navire.
réveil, *s. m.*	houle, *s. f.* (h *asp.*) vague après la tempête.
lever, *s. m.*	houleux, leuse, *adj.* (h *asp.*) mer —, agitée.
retour, *s. m.*	danger, *s. m.*
——	péril, *s. m.*
voyage, *s. m.*	échouement, *s. m.*
malle, *s. f.*	naufrage, *s. m.*
valise, *s. f.*	débris, *s. m.*

bris, *s. m.* débris d'un vaisseau échoué.
sauvetage, *s. m.*

———

navigation , *s. f.*
marin , *s. m.*
amiral , *s. m.*
{ pilote , *s. m.*
{ nautonier , *s. m.* [-tonnier]
matelot, *s. m.*
mousse, *s. m.*
flotte , *s. f.*
escadre , *s. f.*
vaisseau , *s. m.*
navire, *s. m.*
frégate, *s. f.* vaisseau au-dessous de 60 canons.
corvette, *s. f.* — au-dessous de 20 canons.
brick , *s. m.* petit vaisseau de guerre.
brigantin, *s. m.*
corsaire, *s. m.* vaisseau armé en course.
brûlot, *s. m.* navire destiné à incendier une flotte.
chaloupe, *s. f.*
yacht, *s. m.* bâtiment à voiles et à rames.
paquebot, *s. m.* bâtiment pour les traversées.
péniche, *s. f.* petit bâtiment de transport.
carène, *s. f.* partie du vaisseau sous l'eau.
cale, *s. f.* fond du vaisseau.
lest, *s. m.* poids placé dans la cale.
sentine, *s. f.* partie basse qui reçoit les ordures.
poupe, *s. f.* l'arrière.
proue, *s. f.* l'avant.
babord , *s. m.* côté gauche , vu de la poupe.
tribord, *s. m.* [stri-] côté droit.
tillac, *s. m.* le plus haut pont d'un navire.

gaillard, *s. m.* élévation sur le tillac.
mât, *s. m.*
misaine, *s. f.* }
artimon, *s. m.* } mâts.
beaupré, *s. m.* }
vergue, *s. f.* pièce en travers, qui soutient la voile.
voile, *s. f.*
cape, *s. f.* la grande voile.
gouvernail, *s. m.*
agrès, *s. m. pl.* tout l'équipement d'un navire.
amarre, *s. f.* }
câble, *s. m.* [ca-] } cordages.
{ ancre, *s. f.*
{ grappin, *s. m.*
boussole, *s. f.*
hamac, *s. m.* (h *asp.*) lit suspendu.
cargaison, *s. f.* chargement d'un vaisseau.
fret, *s. m.* louage d'un vaisseau.
barque, *s. f.*
coche, *s. m.*
bac, *s. m.*
bateau, *s. m.*
nacelle, *s. f.* }
canot, *s. m.* } petits bateaux.
esquif, *s. m.* }
radeau, *s. m.* plancher flottant sur l'eau.
rame, *s. f.*
aviron, *s. m.*
gaffe, *s. f.* perche armée d'un crochet.
radoub, *s. m.* réparation d'un vaisseau.
étoupe, *s. f.*
goudron, *s. m.*
calfatage, *s. m.* | étoupe enfoncée dans les fentes d'un vaisseau.

XXXIV. GUERRE.

drapeau, *s. m.*
bannière, *s. f.*
étendard, *s. m.*
oriflamme, *s. f.* | étendard des anciens rois de France.
équipement, *s. m.*

capote, *s. f.*
shako, *s. m.* [schako, schakot, etc.]
cocarde, *s. f.*
pompon, *s. m.*
panache, *s. m.* (un)

uniforme, *s. m.* (un)
épaulette, *s. f.*
hausse-col, *s. m.* (h *asp.*)
buffléterie, *s. f.* [-fle-]
courroie, *s. f.*
baudrier, *s. m.*
bandoulière, *s. f.* large baudrier.
ceinturon, *s. m.*
giberne, *s. f.*
havresac, *s. m.* [havre-sac] (h *asp.*)
armure, *s. f.*
casque, *s. m.*
visière, *s. f.* pièce sur le devant du casque.
cuirasse, *s. f.*
bouclier, *s. m.*
massue, *s. f.*
arbalète, *s. f.*
arc, *s. m.*
carquois, *s. m.*
flèche, *s. f.*
trait, *s. m.*
dard, *s. m.*
javelot, *s. m.* espèce de dard.
pique, *s. f.*
lance, *s. f.*
hallebarde, *s. f.* (h *asp.*)
tronçon, *s. m.* morceau d'une lance, etc.
glaive, *s. m.*
épée, *s. f.*
pommeau, *s. m.*
dragonne, *s.f.* cordon à la poignée de l'épée, etc.
{ gaine, *s. f.* [gaî-]
{ fourreau, *s. m.*
* espa*don*, *s. m.* grande épée à deux mains.
coutelas, *s. m.*
sabre, *s. m.*
cimeterre, *s. m.* sabre recourbé.
poignard, *s. m.*
stylet, *s. m.* petit poignard.
pistolet, *s. m.*
carabine, *s. f.*

mousquet, *s. m.* } gros fusils maintenant hors d'usage.
arquebuse, *s. f.* }
fusil, *s. m.*
crosse, *s. f.*
baïonnette, *s. f.*
baguette, *s. f.*
platine, *s. f.*
bassinet, *s. m.* partie où se met l'amorce.
détente, *s. f.*
épinglette, *s. f.*
tire-bourre, *s. m.*
poudre, *s. f.*
balle, *s. f.*
cartouche, *s. f.*
canon, *s. m.*
calibre, *s. m.*
couleuvrine, *s. f.* [-le-] long canon.
affût, *s. m.*
gargousse, *s. f.* charge d'un canon.
projectile, *s. m.* corps lancé.
boulet, *s. m.*
bombe, *s. f.*
obus, *s. m.* (pr. *obuce*)
mitraille, *s. f.*
matériel, *s. m.* artillerie, bagage, munitions.
train, *s. m.* attirail pour le service de l'artillerie.
caisson, *s. m.*
fourgon, *s. m.*
bagage, *s. m.*
attirail, *s. m.*
munitions, *s. f. pl.*
provision, *s. f.*
ambulance, *s. f.* hôpital qui suit l'armée.

———

guerre, *s. f.*
guerrier, ère, *adj.*
martial, ale, *adj.*
militaire, *s. m.*
volontaire, *s. m.*
enrôlement, *s. m.*
conscription, *s. f.*

recrutement, *s. m.*
conscrit, *s. m.*
recrue, *s. f.*
remplaçant, *s. m.*
retardataire, *adj.*
réfractaire, *adj.*
renfort, *s. m.*
contingent, *s. m.*
troupe, *s. f.*
élite, *s. f.* troupes d'élite, troupes choisies.
milice, *s. f.*
armée, *s. f.*
innombrable, *adj.*
belliqueux, queuse, *adj.*
invincible, *adj.*
escouade, *s. f.* partie d'une compagnie.
cohorte, *s. f.*
phalange, *s. f.*
bataillon, *s. m.*
escadron, *s. m.*
régiment, *s. m.*
légion, *s. f.*
brigade, *s. f.*
infanterie, *s. f.*
fantassin, *s. m.*
grenadier, *s. m.*
carabinier, *s. m.*
voltigeur, *s. m.*
sapeur, *s. m.*
pionnier, *s. m.* travailleur pour les chemins.
cavalier, *s. m.*
hussard, *s. m.* [houssard, housard, etc.] (h *asp.*)
lancier, *s. m.*
dragon, *s. m.*
cuirassier, *s. m.*
artillerie, *s. f.*
artilleur, *s. m.*
canonnier, *s. m.*
grade, *s. m.*
subalterne, *adj.* inférieur.
soldat, *s. m.*

fusilier, *s. m.*
caporal, *s. m.*
serre-file, *s. m.*
sergent, *s. m.*
fourrier, *s. m.*
adjudant, *s. m.*
officier, *s. m.*
lieutenant, *s. m.*
cornette, *s. m.* porte-enseigne de cavalerie.
capitaine, *s. m.*
commandant, *s. m.*
major, *s. m.*
colonel, *s. m.*
général, *s. m.*
généralissime, *s. m.*
maréchal, *s. m.*
commandement, *s. m.*
tactique, *s. f.* } art de diriger les mouvements
stratégie, *s. f.* } d'une armée.
manœuvre, *s. f.*
évolution, *s. f.*
exercice, *s. m.* (un)
halte, *s. f.* (h *asp.*)
repos, *s. m.*
faisceau, *s. m.*

———

fortification, *s. f.*
forteresse, *s. f.*
citadelle, *s. f.*
arsenal, *s. m.*
poudrière, *s. f.*
caserne, *s. f.*
garnison, *s. f.*
rempart, *s. m.*
tourelle, *s. f.*
créneau, *s. m.*
bastion, *s. m.*
courtine, *s. f.* mur entre deux bastions.
casemate, *s. f.* voûte souterraine.
souterrain, *s. m.*
poterne, *s. f.* porte secrète.

mine, *s. f.*

fossé, *s. m.*

pont-levis, *s. m.* [pont levis]

parapet, *s. m.* élévation au-dessus d'un rempart.

glacis, *s. m.* pente insensible.

talus, *s. m.* (pr. *talu*)

palissade, *s. f.*

pieu, *s. m.*

piquet, *s. m.*

redoute, *s. f.*

abattis, *s. m.* [abatis] retranchement fait avec des arbres abattus.

gabion, *s. m.* grand panier plein de terre.

fascine, *s. f.*

blocus, *s. m.* (pr. -kuce) état d'une ville cernée.

disette, *s. f.*

famine, *s. f.*

siége, *s. m.*

tranchée, *s. f.* fossé pour l'attaque d'une place.

bombardement, *s. m.*

canonnade, *s. f.*

brèche, *s. f.*

assaut, *s. m.*

escalade, *s. f.*

pillage, *s. m.*

butin, *s. m.*

reddition, *s. f.*

capitulation, *s. f.*

condition, *s. f.*

onéreux, reuse, *adj.*

humiliant, ante, *adj.*

———

ennemi, *s. m.*

hostilité, *s. f.*

incursion, *s. f.* course dans un pays ennemi.

irruption, *s. f.*

invasion, *s. f.*

envahissement, *s. m.*

camp, *s. m.*

tente, *s. f.*

bivouac, *s. m.* [-vac]

baraque, *s. f.*

corps-de-garde, *s. m.*

guérite, *s. f.*

sentinelle, *s. f.* (une)

vedette, *s. f.* [vé-] sentinelle de cavalerie.

factionnaire, *s. m.*

guet, *s. m.* sentinelle pour épier.

patrouille, *s. f.*

espion, *s. m.*

émissaire, *s. m.*

éclaireur, *s. m.*

piége, *s. m.*

embuscade, *s. f.*

attaque, *s. f.*

* échauffourée, *s. f.* léger combat.

escarmouche, *s. f.* combat de partis détachés.

combat, *s. m.*

bataille, *s. f.*

mêlée, *s. f.*

cliquetis, *s. m.* bruit d'armes qui s'entrechoquent.

carnage, *s. m.*

massacre, *s. m.*

échec, *s. m.*

défaite, *s. f.*

déroute, *s. f.*

fuite, *s. f.*

fuyard, *s. m.*

lâche, *adj.*

pusillanime, *adj.*

poltronnerie, *s. f.*

trahison, *s. f.*

traître, *s. m.*

défection, *s. f.* abandonnement d'un parti.

désertion, *s. f.*

dispersion, *s. f.*

ralliement, *s. m.*

retraite, *s. f.*

armistice, *s. m.* (un) suspension d'armes.

trève, *s. f.*

otage, *s. m.* [ô-] personne remise pour garant.

paix, *s. f.*

amnistie, *s. f.* pardon général.

congrès, *s. m.*

traité, *s. m.*

alliance, *s. f.*

pacification, *s. f.*

tribut, *s. m.*

prisonnier, ère, *subst.*

captif, tive, *subst.*

délivrance, *s. f.*

rachat, *s. m.*

rançon, *s. f.* prix du rachat d'un prisonnier.

licenciement, *s. m.*

———

héros, *s. m.* (h *asp.*)

héroïne, *s. f.*

vainqueur, *s. m.*

courage, *s. m.*

intrépidité, *s. f.*

bravoure, *s. f.*

vaillance, *s. f.*

prouesse, *s. f.*

exploit, *s. m.*

victoire, *s. f.*

conquête, *s. f.*

triomphe, *s. m.*

trophée, *s. m.* assemblage d'armes pour monument d'une victoire.

gloire, *s. f.*

{ renom, *s. m.*

{ renommée, *s. f.*

récompense, *s. f.*

{ avancement, *s. m.*

{ promotion, *s. f.*

pension, *s. f.*

vétéran, *s. m.*

invalide, *s. m.*

XXXV. RELIGION.

Dieu.

Jésus-Christ.

ange, *s. m.*

archange, *s. m.* (pr. -*kan*-)

chérubin, *s. m.*

séraphin, *s. m.*

patriarche, *s. m.*

prophète, *s. m.*

apôtre, *s. m.*

prophétie, *s. f.*

miracle, *s. m.*

Évangile, *s. m.*

évangélique, *adj.*

dogme, *s. m.* point d'une doctrine religieuse.

mystère, *s. m.*

Trinité, *s. f.*

prédestination, *s. f.*

rédemption, *s. f.*

résurrection, *s. f.*

éternité, *s. f.*

paradis, *s. m.*

saint, *s. m.*

élu, *s. m.*

bienheureux, *s. m.*

———

cérémonie, *s. f.*

offrande, *s. f.*

prémices, *s. f. pl.*

sacrifice, *s. m.*

holocauste, *s. m.* sacrifice où la victime était toute consumée

hécatombe, *s. f.* sacrifice de cent bœufs.

prière, *s. f.*

oraison, *s. f.*

invocation, *s. f.*

sacrement, *s. m.*

baptême, *s. m.*

fonts, *s. m. pl.* — baptismaux.

confirmation, *s. f.* consécration.

{ communion, *s. f.*

{ cène, *s. f.*

{ * *eucharistie*, *s. f.* (pr. -*ka*-)

transsubstantiation, *s. f.*

vœú, *s. m.*

promesse, *s. f.*

transgression, *s. f.* violation d'une loi.

péché, *s. m.*

regret, *s. m.*

remords, *s. m.*

conscience, *s. f.*

amendement, *s. m.* changement en mieux.

repentance, *s. f.*

conversion, *s. f.*

pénitence, *s. f.*

mortification, *s. f.*

jeûne, *s. m.*

expiation, *s. f.*

extrême-onction, *s. f.*

grace, *s. f.* [grâ-]

rémission, *s. f.*

absolution, *s. f.*

———

adoration, *s. f.*

culte, *s. m.*

rit [1] *ou* rite, *s. m.* | manière d'observer les cérémonies d'un culte.

liturgie, *s. f.* recueil des prières du service divin.

hymne, *s. f.* [*s. m.*]

cantique, *s. m.*

psaume, *s. m.*

verset, *s. m.*

grand'messe, *s. f.*

prône, *s. m.*

homélie, *s. f.* | instruction familière d'un prédicateur.

* catéchisme, *s. m.*

vêpres, *s. f. pl.*

prêche, *s. m.*

sermon, *s. m.*

prédication, *s. f.*

auditoire, *s. m.*

paroisse *s. f.*

paroissien, enne, *subst.*

ouaille, *s. f.* paroissien.

catéchumène, *subst.*

théologie, *s. f.*

religion, *s. f.*

juif, juive, *adj.* et *s.*

judaïsme, *s. m.*

christianisme, *s. m.*

chrétien, enne, *adj.* et *s.*

chrétienté, *s. f.* (pr. -*ti-in*-)

catholique, *adj.* et *s.*

schisme, *s. m.* séparation.

réforme, *s. f.*

{ protestant, tante, *adj.* et *s.*

{ luthérien, enne, *adj.* et *s.*

{ calviniste, *s. m.*

{ huguenot, note, *s.* (h *asp.*)

dissident, *s. m.* | qui n'est pas de la religion dominante.

secte, *s. f.*

sectaire, *s. m.*

prosélyte, *subst.* | celui que l'on convertit à une secte.

hérétique, *adj.* et *s.*

hypocrite, *adj.* et *s.*

tartufe, *s. m.*

cafard, farde, *adj.* et *s.*

bigot, gote, *adj.* et *s.*

cagot, gote, *adj.* et *s.*

fanatisme, *s. m.*

exaltation, *s. f.*

intolérance, *s. f.*

concile, *s. m.*

œcuménique, *adj.* concile —, général.

synode, *s. m.* assemblée d'ecclésiastiques.

bulle, *s. f.*

excommunication, *s. f.*

anathème, *s. m.* excommunication perpétuelle.

persécution, *s. f.*

inquisition, *s. f.*

auto-da-fé, *s. m.*

martyr, tyre, *s.* qui meurt pour la religion.

martyre, *s. m.* tourment, mort du martyr.

abjuration, *s. f.*

apostasie, *s. f.*

———

1. On prononce *rite*, et au pluriel ce mot prend toujours un *e* : *rites.*

apostat, *s. m.* qui a renoncé à sa religion.
renégat, gate, *s.* |chrétien qui s'est fait mahométan.
(mahométan, tane, *adj.* et *s.*
(musulman, mane, *adj.* et *s.*
islamisme, *s. m.* mahométisme.
païen, ïenne, *adj.* et *s.*
paganisme, *s. m.*
polythéisme, *s. m.* |croyance à plusieurs dieux.
idolâtrie, *s. f.* [-la-]
idole, *s. f.* (une)
simulacre, *s. m.*
effigie, *s. f.*
représentation, *s. f.*
symbole, *s. m.*
emblème, *s. m.* [-blê-]
déiste, *s. m.*
athée, *s. m.*
irréligion, *s. f.*
blasphème, *s. m.*
imprécation, *s. f.*

———

clergé, *s. m.*
ecclésiastique, *adj.* et *s.*
laïque, *adj.* et *s.* qui n'est pas ecclésiastique.
hiérarchie, *s. f.* |(h asp.) degrés des dignités ecclésiastiques.
pape, *s. m.*
pontife, *s. m.*
nonce, *s. m.* ambassadeur du pape.
légat, *s. m.* envoyé du pape.
cardinal, *s. m.*
prélat, *s. m.*
archevêque, *s. m.* |premier évêque d'une contrée.
évêque, *s. m.*
diocèse, *s. m.* étendue de pays sous un évêque.
sacerdoce, *s. m.* prêtrise.
doyen, *s. m.* le plus ancien d'un corps.
prêtre, *s. m.*
curé, *s. m.*
vicaire, *s. m.*
pasteur, *s. m.*

aumônier, *s. m.*
chapelain, *s. m.*
sacristain, *s. m.*
bedeau, *s. m.*
marguillier, *s. m.*
congrégation, *s. f.*
confrérie, *s. f.*
communauté, *s. f.*
couvent, *s. m.*
religieux, euse, *s.* et *adj.*
moine, *s. m.*
chanoine, *s. m.*
abbé, abbesse, *subst.*
dominicain, *s. m.*
jésuite, *s. m.*
cordelier, *s. m.*
capucin, *s. m.*
pélerin, rine, *subst.* [pè-]
(ermite, *s. m.*
(anachorète, *s. m.* (pr. -ko-)
pope, *s. m.* prêtre russe du rit grec.
iman, *s. m.* prêtre musulman.
derviche, *s. m.* [-vis] |religieux musulmans.
faquir, *s. m.* [-kir] |
bramine [1], *s. m.* prêtre indien.
bonze, *s. m.* prêtre chinois.

———

superstition, *s. f.*
visionnaire, *subst.*
rêve, *s. m.*
songe, *s. m.*
* apparition, *s. f.*
* disparition, *s. f.*
spectre, *s. m.*
fantôme, *s. m.*
revenant, *s. m.*
lutin, *s. m.* esprit malin nocturne.
sylphe, *s. m.* génie de l'air.
présage, *s. m.*
pronostic, *s. m.*

1. On trouve aussi *bracmane* ou *brachmane*, *brame*, *bramin*, etc.

augure, *s. m.* (un)
auspice, *s. m.* (un)
oracle, *s. m.*
prédiction, *s. f.*
*divination, *s. f.* | art prétendu de connaître l'avenir.
devin, vineresse, *subst.*
astrologie, *s. f.* divination par les astres.
horoscope, *s. m.* sort prédit d'après les astres.
sorcier, ère, *subst.*
sorcellerie, *s. f.*
*sortilége, *s. m.*
magicien, enne, *subst.*
magie, *s. f.* art de produire des effets surnaturels.
maléfice, *s. m.* action de nuire par la magie.
grimoire, *s. m.* livre de magie.
talisman, *s. m.* } préservatifs contre les maux,
amulette, *s. m.* } les maléfices, etc.

———

temple, *s. m.*
pagode, *s. f.* temple indien.
mosquée, *s. f.* temple musulman.
synagogue, *s. f.* | lieu des assemblées reli-gieuses des juifs.
église, *s. f.*
basilique, *s. f.* grande église.
cathédrale, *s. f.*
succursale, *s. f.* seconde église d'une paroisse.
presbytère, *s. m.* maison du curé.
monastère, *s. m.*
abbaye, *s. f.* (pr. *abé-i-e*)
cloître, *s. m.*
parloir, *s. m.*
réfectoire, *s. m.* salle à manger d'un couvent.
dortoir, *s. m.*
cellule, *s. f.*

chapelle, *s. f.*
clocher, *s. m.*
horloge, *s. f.* (une)
carillon, *s. m.* [carril-]
beffroi, *s. m.* | clocher d'où l'on sonne l'alarme; cloche qui la sonne.
tocsin, *s. m.* bruit d'une cloche d'alarme.
dôme, *s. m.*
portail, *s. m.*
parvis, *s. m.* place devant le portail d'une église.
nef, *s. f.* partie de l'église, du portail au chœur.
chaire, *s. f.*
confessionnal, *s. m.*
*prie-Dieu, *s. m.*
sanctuaire, *s. m.*
autel, *s. m.*
croix, *s. f.*
crucifix, *s. m.*
cierge, *s. m.*
calice, *s. m.* vase pour le vin de la messe.
ciboire, *s. m.* vase pour les hosties.
hostie, *s. f.*
encensoir, *s. m.*
encens, *s. m.*
myrrhe, *s. f.* sorte d'aromate
bénitier, *s. m.*
goupillon, *s. m.*
sacristie, *s. f.*
soutane, *s. f.* \
chasuble, *s. f.* |
étole, *s. f.* | vêtements d'église.
surplis, *s. m.* |
rabat, *s. m.* |
froc, *s. m.* /
cilice, *s. m.* tissu de crin qu'on porte sur la peau.

XXXVI. TEMPS ET SOLENNITÉS.

temps, *s. m.* [tems]
siècle, *s. m.*
séculaire, *adj.*
an, *s. m.*

année, *s. f.*
annuel, elle, *adj.*
*semestre, *s. m.* 6 mois.
trimestre, *s. m.* 3 mois.

saison, *s. f.*

aurore, *s. f.*

printemps, *s. m.* [-tems]

clarté, *s. f.*

été, *s. m.*

matin, *s. m.*

automne, *s. m.* [*s. f.*]

matinée, *s. f.*

hiver, *s. m.*

soir, *s. m.*

mois, *s. m.*

soirée, *s. f.*

Janvier, *m.*

crépuscule, *s. m.*

Février, *m.*

ombre, *s. f.*

Mars, *m.*

veillée, *s. f.*

Avril, *m.* (l *mouill.*)

nuit, *s. f.*

Mai, *m.*

minuit [1], *s. m.*

Juin, *m.* (pr. *ju-in*)

obscurité, *s. f.*

Juillet, *m.* (pr. *jui-liet*)

ténèbres, *s. f. pl.*

Août, *m.* (pr. *oût*)

———

Septembre, *m.*

solennité, *s. f.* (pr. -*lani*-)

Octobre, *m.*

anniversaire, *s. m.* (le)

Novembre, *m.*

commémoration, *s. f.*

Décembre, *m.*

jubilé, *s. m.*

semaine, *s. f.*

Épiphanie, *s. f.* jour des Rois.

dimanche, *s. m.*

Chandeleur, *s. f.*

lundi, *s. m.*

carnaval, *s. m.*

mardi, *s. m.*

carême [2], *s. m.*

mercredi, *s. m.*

Annonciation, *s. f.*

jeudi, *s. m.*

Pâque, *s. f.* célébrer la Pâque.

vendredi, *s. m.*

Pâques, |*s. m.* quand Pâques sera venu.
|*s. f. pl.* faire ses Pâques.

samedi, *s. m.*

Ascension, *s. f.*

sabbat, *s. m.*

Pentecôte, *s. f.*

jour, *s. m.*

Fête-Dieu, *s. f.*

quantième, *s. m.*

procession, *s. f.*

veille, *s. f.*

Assomption, *s. f.*

lendemain, *s. m.*

Nativité, *s. f.*

heure, *s. f.*

Toussaint, *s. f.*

minute, *s. f.*

Avent, *s. m.*

seconde, *s. f.*

Noël, *s. m.* [Noel]

moment, *s. m.*

étrennes, *s. f. pl.*

instant, *s. m.*

almanach, *s. m.* (pr. -*na*)

journée, *s. f.*

annuaire, *s. m.*

aube, *s. f.*

calendrier, *s. m.*

1. Dites : *sur* le *minuit, sur* le *midi*, ou *vers* le *minuit*, etc., et non *sur* les *minuit, sur* les *midi*. — Dites aussi : *à midi, à minuit* précis, et non, *précise*. 2. Dites d'une chose qui arrive à propos, qu'*elle arrive comme* marée *en* carême, et non, *comme* Mars *en* carême.

XXXVII. ADJECTIFS.

accessoire. qui n'est pas essentiel.
acide.
affligeant, geante.
affreux, freuse.
angélique.
antérieur, eure. |qui est avant : événement—. |qui est devant : partie—de la tête.
appétissant, sante.
applicable.
aqueux, euse. |qui contient de l'eau dans sa |substance.
attrayant, ante.
aucun, cune.
austère.
avantageux, geuse.
banal, nale.
célèbre.
certain, taine.
chacun, cune.
changeant, geante.
chaque¹.
chétif, tive.
choquant, quante.
clair-semé, mée; au pl. clair-semés, mées.
clandestin, tine. fait en secret.
compacte. serré.
complet, plète.
conditionnel, nelle.
confus, fuse.
conséquent, te². |d'accord avec son principe : |homme, raisonnement—.
content, tente.
contradictoire.
contraire.
convaincant, cante.
* dangereux, reuse.
défectueux, euse.
difficile.
distinct, tincte.

divers, verse.
édifiant, ante.
efficace.
effréné, née. sans frein, sans retenue.
éhonté, tée.
enclin, cline.
engageant, geante.
épais, épaisse.
épars, éparse.
erroné, née. |qui contient de l'erreur : raisonne- |ment —.
essentiel, elle.
étrange.
excessif, sive.
exempt, empte.
exorbitant, tante.
exprès, presse.
exquis, quise.
extraordinaire.
extrême.
factice. qui n'est pas naturel.
fatigant, gante.
fauve. qui tire sur le roux.
favori, rite.
fervent, vente.
flexible.
frêle. fragile, délicat.
fréquent, quente.
frileux, leuse.
futile. frivole.
futur, ture.
gai, gaie.
gaillard, larde.
glaçant, çante.
gothique. du moyen âge.
gratuit, tuite. fait gratis.
héréditaire. reçu par héritage.

---

1. Dites : *ces livres coûtent cinq francs* chacun, et non, *cinq francs* chaque. 2. Ne dites donc pas : *une fortune* conséquente, *une affaire* conséquente; dites, *une fortune considérable, une affaire importante ou* de conséquence.

héroïque.
hétérogène. de différente nature.
heureux, reuse.
homogène. de même nature.
honteux, teuse. (h *asp.*)
hospitalier, ère.
humble.
humide.
idéal, ale. qui n'existe qu'en idée.
identique. le même.
ignoble.
illégal, gale. }
illégitime. } contraire à la loi.
illicite. qui n'est pas permis : *gain —*.
illimité, tée.
illusoire. trompeur.
illustre.
imaginaire.
imbu, bue. rempli, pénétré.
immanquable.
immédiat, ate. qui précède ou suit sans intervalle.
immémorial, ale.
immense.
imminent, nente. *danger —*, menaçant.
immobile.
immoral, rale.
immortel, telle.
immuable. qui ne peut changer.
impardonnable.
impatient, ente.
imperceptible.
impérieux, euse.
impétueux, euse.
impitoyable.
implacable. que rien ne peut apaiser.
important, tante.
importun, tune.
impossible.
impraticable.
imprudent, dente.
inanimé, mée. sans vie.

inattaquable.
inclus, cluse. renfermé dans : *lettre —*.
incommode.
incompatible. qui ne peut s'accorder avec.
incompréhensible.
inconcevable.
inconvenant, nante.
indécent, cente.
indispensable.
indissoluble. qu'on ne peut dissoudre.
indivis, vise. possédé par plusieurs.
industriel, elle. produit par l'industrie.
industrieux, euse. qui a de l'industrie.
inédit, dite. *ouvrage —*, non imprimé.
ineffable. qu'on ne peut exprimer.
ineffaçable.
inégal, gale.
inexcusable.
inexplicable.
infaillible.
infamant, mante. déshonorant : *peine —*.
infernal, nale.
inhabitable.
inhumain, maine.
initial, ale. *lettre —*, qui commence un mot.
inouï, ïe.
insatiable. qui ne peut être rassasié.
insensible.
insidieux, euse. qui cache un piège.
insigne. remarquable.
insignifiant, ante.
insuffisant, sante.
insupportable.
intact, tacte.
intarissable. qui ne peut s'épuiser : *source —*.
intellectuel, elle.
intéressant, sante.
intermédiaire. qui est entre deux.
intestin, tine. qui est au dedans : *guerre —*.
intrigant, gante.
intrinsèque. réel : *valeur — des monnaies*.

inusité, tée.
invulnérable. qui ne peut être blessé.
irascible. colérique.
irréparable.
irrévocable.
journalier, ère.
joyeux, euse.
judiciaire. relatif au barreau.
judicieux, euse. qui juge sainement.
limpide.
logeable.
lointain, taine.
lourd, lourde.
magique.
majestueux, euse.
malencontreux, se. qui porte malheur.
malfaisant, sante.
malhonnète.
marquant, quante.
mauvais, vaise.
meilleur, leure.
menaçant, çante.
ménager, gère.
mercenaire.
mielleux, leuse.
mince.
moelleux, leuse.
moite. un peu humide.
mollasse. trop mou.
momentané, née.
mondain, daine.
nasillard, larde. ton nasillard.
national, nale.
navigable.
nécessaire.
net, nette.
nu, nue.
nul, nulle.
odorant, rante. qui a une bonne odeur.
odoriférant, rante. |qui a une bonne odeur et la répand au loin.

officiel, elle. déclaré par l'autorité.
original, ale. qui n'est pas fait d'après un modèle.
originel, nelle. qui vient de l'origine.
oublieux [1], euse.
outrageant, geante.
pédant, dante.
pénible.
perçant, çante.
périlleux, leuse.
pernicieux, euse.
perpétuel, elle.
piquant, quante.
plausible. qu'on peut approuver : raison—.
populaire.
postérieur, eure. |qui est après : événement—. / » derrière : partie—de la tête.
posthume. qui paraît après la mort de l'auteur.
précaire. d'une durée incertaine.
précédent, dente.
précieux, euse.
préliminaire. qui précède l'objet principal.
présent, sente.
prêt, prête.
primaire.
printanier, ère.
prochain, chaine.
prolixe. trop long : discours—.
prompt, prompte.
propice.
prospère.
public, blique.
punissable.
pur, pure.
quel, quelle.
quelconque.
quitte. libéré d'une dette, etc.
quotidien, enne.
raboteux, teuse.
raide ou roide.
rayonnant, nante.
récent, cente.

1. *Oublieur*, *s. m.* se dit de celui qui fait des oublies.

réciproque.
recommandable.
réel, elle.
regrettable.
remarquable.
répréhensible[1].
républicain, caine.
resplendissant, sante.
retentissant, sante.
retors, torse. |retordu : *fil—*.|rusé, artificieux : *homme—*.
réversible. [re-] qui doit retourner à.
révoltant, tante.
ridicule.
rocailleux, leuse.
sablonneux, neuse.
sale.
salutaire.
sanglant, glante.
sanguinaire. qui se plaît à répandre le sang.
sauf, sauve. *il est revenu sain et sauf.*
sauvage.
scabreux, se. |rude, raboteux : *chemin—*.|dangereux : *entreprise —*.
séant, ante. décent, convenable.
sec, sèche.
secondaire. qui ne vient qu'en second.
secret, crète.
semblable.
sensuel, elle. livré aux plaisirs des sens.
sentencieux, euse.
serein, reine.
sérieux, euse.
servile. d'esclave.
silencieux, euse.
sociable. propre à vivre en société : *homme—*.
social, ale. de la société : *ordre—*.
soi-disant, *inv*. |ces soi-disant *philosophes*.|cette soi-disant *princesse*.
solennel, nelle. (pr. *-lanel*)
soudain, daine.
sournois, noise. qui cache ce qu'il pense.
spécial, ale. particulier.

sphérique. qui a la forme d'un globe.
spirituel, elle.
stationnaire. qui n'avance pas.
stoïque. ferme et sévère : *vertu—*.
strict, stricte. rigoureux : *devoir—*.
stupéfait, faite.
subit, bite.
subséquent, quente. qui vient après.
subsidiaire. qui vient à l'appui : *moyen—*.
succinct, cincte. bref.
suffocant, cante.
suprême.
sur, sure. aigre, acide.
sûr, sûre. certain.
suranné, née. hors d'usage.
susceptible.
suspect, pecte.
tacite. sous-entendu : *condition—*.
taciturne. qui parle peu.
tel, telle[2].
téméraire.
temporaire. pour un temps : *loi —*.
temporel, relle. qui n'est pas éternel : *biens—*.
tenace.
terrestre.
terrible.
tiède.
tonnant, nante. *voix* tonnante, forte.
transcendant, dante. supérieur.
transi, sie.
tributaire. qui paie tribut.
ultérieur, eure. fait après : *démarche—*.
urgent, gente. qui ne souffre point de délai.
vacant, cante.
vain, vaine.
véhément, mente.
véreux, reuse.
vil, vile.
virulent, lente. |qui a du venin : *ulcère—*.|plein d'aigreur : *satire—*.
vulgaire.

1. Vulgaire, réprimandable. 2. Ne dites pas *tel qu'il soit*; dites : *quel qu'il soit*.

XXXVIII. VERBES.

abaisser, *v. actif.*

abandonner, *v. a.*

abasourdir, *v.a.*

abhorrer, *v. a.*

s'absenter, *v. pronominal.*

absorber, *v. a.* | engloutir. / occuper tout entier.

absoudre, *v. a.* part. absous *ou* absout, soute.

accaparer, *v. a.*

accéder, *v. neutre.* consentir.

accélérer, *v. a.*

acclimater, *v. a.*

accommoder, *v. a.*

accompagner, *v. a.*

accomplir, *v. a.*

accorder, *v. a.*

accoster, *v. a.*

s'accouder, *v. pron.*

accourcir, *v. a.*

accourir, *v. n.*

accoutumer, *v. a.*

accrocher, *v. a.*

accroire (faire), *v. a.*

s'accroupir, *v. pron.*

accumuler, *v. a.*

acérer, *v. a.* —le fer, le garnir d'acier.

* acheter, *v. a.* — à bon marché.

aciérer, *v. a.* —le fer, le convertir en acier.

acquérir [1], *v. a.*

acquiescer, *v. n.* consentir.

acquitter, *v. a.*

additionner, *v. a.*

adhérer, *v. n.* | être attaché à. / consentir.

admonéter, *v. a.* réprimander.

* aérer, *v. a.* — un appartement.

affaiblir, *v. a.*

affaisser, *v. a.*

affamer, *v. a.*

affermer, *v. a.* —un domaine, le louer.

affermir, *v. a.*

affiler, *v. a.* donner le fil à un tranchant.

affiner, *v. a.* rendre plus fin, plus pur.

affirmer, *v. a.*

affronter, *v. a.*

s'agenouiller, *v. pron.*

aggraver, *v. a.* [agra-]

agir [2], *v. n.*

agrandir, *v. a.*

agréger, *v. a.* admettre dans un corps.

aguerrir, *v. a.*

aiguiser, *v. a.* (pr. -*gu-i-*)

aligner, *v. a.*

allaiter, *v. a.*

allécher, *v. a.* | attirer par l'appât du plaisir, / de l'intérêt.

alléguer, *v. a.*

s'en aller, *v. pron.* | je m'en vais, je m'en suis / allé, je m'en fus allé.

allouer, *v. a.* accorder.

amasser, *v. a.*

améliorer, *v. a.*

amollir, *v. a.*

anéantir, *v. a.*

animer, *v. a.*

annuler, *v. a.* [-nuller]

anoblir [3], *v. a.*

anticiper, | v. n. — sur ses revenus. / v. a. prévenir, devancer: — un paiement.

apaiser, *v. a.*

apercevoir, *v. a.*

apetisser *ou* rapetisser, *v. a. et n.*

aplanir, *v. a.*

aplatir, *v. a.*

apparaître, *v. n.*

apparier, *v. a.* unir par paires: — des gants.

appartenir, *v. n.*

1. Dites : *il s'est* fait *une très-mauvaise réputation*, et non , *il s'est* acquis, etc. *Acquérir* ne se dit que des choses avantageuses, utiles. 2. Dites : *il a bien agi , il a mal agi envers moi*, et non , *il en a bien agi , mal agi*, etc. 3. Le roi *anoblit*, les vertus *ennoblissent*.

appauvrir, *v. a.*

appeler, *v. a.*

appesantir, *v. a.*

applaudir, *v. a.* et *n.*

apporter, *v. a.*

apposer, *v. a.* appliquer : — *un sceau.*

apprécier, *v. a.*

apprendre, *v. a.*

apprêter, *v. a.*

apprivoiser, *v. a.*

approcher, | *v. a.* — *une table.* | *v. n. la nuit approche.*

approfondir, *v. a.*

approprier, *v. a.*

approuver, *v. a.*

approvisionner, *v. a.*

arracher, *v. a.*

arranger, *v. a.*

arrêter, *v. a.*

s'arroger, *v. pr.* ils se sont arrogé nos droits.

arrondir, *v. a.*

assaillir, *v. a.*

assainir, *v. a.* — *un local*, le rendre sain.

asseoir, *v. a.* | j'assieds, j'assis, j'assiérai *ou* j'asseierai.

assiéger, *v. a.*

assister, | *v. a.* aider. | *v. n.* être présent à.

assommer, *v. a.*

assourdir, *v. a.*

assouvir, *v. a.* satisfaire.

assurer, *v. a.*

astreindre, *v. a.* assujettir, forcer à.

atteindre, *v. a.* et *n.*

attendre, *v. a.*

attendrir, *v. a.*

atténuer, *v. a.* affaiblir.

attirer, *v. a.*

attraper, *v. a.*

augmenter, *v. a.*

autoriser, *v. a.*

bafouer, *v. a.*

baigner [1], *v. a.*

bâiller [2], *v. n.*

baisser, | *v. a.* — la tête. | *v. n. la rivière baisse.*

balayer [3], *v. a.*

balbutier, *v. n.* et *a.*

barbouiller [4], *v. a.*

barricader, *v. a.*

bâtir, *v. a.*

biffer, *v. a.* effacer ce qui est écrit.

se blottir, *v. pron.* s'accroupir.

boire, *v. a.*

bosseler, *v. a.* travailler en bosse.

bossuer [5], *v. a.*

bouillir, *v. n. l'eau* bout, bouillait.

bouleverser, *v. a.*

bourgeonner, *v. n.*

boutonner [6], | *v. a.* — *son habit.* | *v. n. les arbres commencent à* —.

braquer, *v. a.* — *un canon, une lunette, etc.*

bredouiller, *v. n.* et *a.* | prononcer peu distinctement.

broyer, *v. a.*

bruiner [7], *v. n.*

cacheter, *v. a.*

cajoler, *v. a.*

calfeutrer, *v. a.*

calomnier, *v. a.*

caresser, *v. a.*

casser, *v. a.*

causer, | *v. a.* occasionner : — *des ennuis.* | *v. n. parler :* — *avec quelqu'un.*

ceindre, *v. a.* au part. ceint, ceinte.

cesser [8], | *v. a. cessez votre babil.* | *v. n. la pluie a cessé.*

chanceler, *v. n.*

changer [9], *v. a.* et *n.*

chicaner, *v. a.*

chiffonner, *v. a.*

chuchoter, *v. n.* et *a.*

---

1. Dites : *allons* nous *baigner*, et non, *allons baigner.* 2. Dites : bayer *aux corneilles*, et non, *bâiller*, etc. 3. Vulgair. *balier.* 4. *Embarbouiller.* 5. Dites : *il a bossué*, et non, *bosselé son gobelet en le laissant tomber.* 6. Ne dites pas : *aboutonne* ton habit. 7. Dites : *il bruine*, et non, *il brouillasse.* 8. Ne dites pas *décesser.* 9. Dites : *allez changer de vêtements, de linge*, et non, *allez vous changer.*

cingler, | *v. n.* voguer à pleines voiles. / *v. a.* frapper avec un objet pliant.
clarifier, *v. a.*
cligner, | *v. a.* — *les yeux.* / *v. n.* — *des yeux.*
clore, *v. a.* [clorre]
colorer, *v. a.* le soleil colore les fruits.
colorier, *v. a.* — une estampe.
commettre, *v. a.*
commuer, *v. a.* — une peine, la changer.
compatir, *v. n.*
compenser, *v. a.*
comploter, *v. a.*
compter, | *v. a.* calculer. / *v. n.* être compté : cela ne compte pas.
condamner, *v. a.* (pr. -*daner*)
connaître, *v. a.*
conquérir, *v. a.*
consister, *v. n.*
conter, *v. a.* raconter.
contraindre, *v. a.*
contremander[1], *v. a.*
contrôler, *v. a.*
convenir, *v. n.* | cela nous aurait convenu. / nous sommes convenus de cela.
corriger, *v. a.*
corrompre, *v. a.*
coter, *v. a.* numéroter.
côtoyer, *v. a.* [co-]
coudre, *v. a.* je couds, je cousis, je coudrai.
courir, | *v. n.* — de toutes ses forces. / *v. a.* — des dangers.
courroucer, *v. a.*
coûter, | *v. n.* les sommes que cette maison m'a coûté. / *v. a.* les ennuis que ce procès m'a coûtés.
craindre, *v. a.*
croître, *v. n.*
*cueillir, *v. a.* je cueillerai.
cuire, | *v. a.* — de la viande. / *v. n.* la viande cuit.
débarbouiller, *v. a.*
déceler, *v. a.*
dédaigner, *v. a.*
dégoûter, *v. a.* donner du dégoût.
dégoutter, *v. n.* tomber goutte à goutte.
dégrafer[2], *v. a.* — une robe.
débarnacher, *v. a.*

délacer, *v. a.* délier un lacet.
délaisser, *v. a.*
délasser, *v. a.* reposer, récréer.
déménager, *v. a.*
*démantibuler, *v. a.*
démolir, *v. a.*
dépayser, *v. a.* | faire changer de pays, d'habitudes.
dépecer, *v. a.* [-pé-]
dépersuader, *v. a.* détromper.
dépouiller, *v. a.*
déranger, *v. a.*
désensorceler[3], *v. a.*
déshabituer, *v. a.*
déshériter, *v. a.*
déshonorer, *v. a.*
se dessaisir, *v. pron.*
dessécher, *v. a.*
desserrer, *v. a.*
desservir, *v. a.*
dessiller, *v. a.* | — les yeux à quelqu'un, le détromper.
détaler, *v. a.* serrer la marchandise étalée.
devancer, *v. a.*
diffamer, *v. a.* | — quelqu'un, nuire à sa réputation.
diriger, *v. a.*
discerner, *v. a.*
dispenser, *v. a.*
dissimuler, *v. a.*
dissiper, *v. a.*
dissous, soute, part. de dissoudre.
dissuader, *v. a.* détourner de faire.
distraire, *v. a.* nous distrayons, je distrayais.
ébaucher, *v. a.*
ébouillir, *v. n.* diminuer à force de bouillir.
ébrécher, *v. a.* — un couteau, un rasoir, etc.
échoir, *v. n.* il échoit, il écherra.
éclaircir, *v. a.*
éclairer, *v. a.*
éclore, *v. n.*
écosser, *v. a.* — des pois, des fèves.
écrouir, *v. a.* — un métal, le battre à froid.

1. Vulgair. *décommander.* 2. *Désagrafer.* 3. *Dessorceler.*

* éculer, *v. a.* — *ses souliers.*

effacer, *v. a.*

effaroucher, *v. a.*

effleurer, *v. a.*

s'efforcer, *v. pron.*

effrayer, *v. a.*

égayer, *v. a.*

élaguer, *v. a.* |— *un arbre , en retrancher les branches inutiles.*

s'élancer, *v. pron.*

élever, *v. a.*

émanciper, *v. a.* *mettre hors de tutèle.*

embarrasser, *v. a.*

embaumer, *v. a.*

embrasser, *v. a.*

emmener, *v. a.*

émoudre [1], *v. a.* — *des couteaux , etc.*

s'emparer, *v. pron.*

empêcher, *v. a.*

empiéter, *v. n. et a.* *usurper, prendre.*

emporter, *v. a.*

encadrer, *v. a.*

enchâsser, *v. a.*

encourager, *v. a.*

encourir, *v. a.* — *une punition , se l'attirer.*

encrasser [2], *v. a.* — *ses habits.*

enduire, *v. a.* *mettre une couche de vernis, etc.*

enflammer, *v. a.*

enfouir, *v. a.* *cacher en terre.*

enfreindre, *v. a.*

s'enfuir, *v. pron.*

engendrer, *v. a.*

enhardir, *v. a.* (h *asp.*)

enharnacher, *v. a.* (h *asp.*) *mettre le harnais.*

enivrer, *v. a.* (pr. *an-ni-*)

* *enjamber, *v. a.* — *un ruisseau.*

enjoindre, *v. a.* *ordonner.*

enjôler, *v. a.* *engager par de belles paroles.*

ennoblir, *v. a.* *la vertu ennoblit l'homme.*

enorgueillir, *v. a.* (pr. *an-nor-*)

s'enquérir, *v. pron.*

* enregistrer, *v. a.*

enrhumer, *v. a.*

enrichir, *v. a.*

ensevelir, *v. a.*

s'ensuivre, *v. pron.*

entasser, *v. a.*

entendre, *v. a.*

entonner, *v. a.* |*verser dans un tonneau, commencer à chanter.*

entourer, *v. a.*

entraîner, *v. a.*

entrelacer, *v. a.*

entr'ouvrir, *v. a.*

envahir, *v. a.*

envelopper, *v. a.*

* envenimer, *v. a.*

s'envoler, *v. pron.*

envoyer, *v. a.* *j'enverrai.*

épancher, *v. a.* *verser, répandre.*

épargner [3], *v. a.*

éplucher, *v. a.* — *des pois, du légume.*

époumonner, *v. a.*

équarrir, *v. a.* [-car-] *tailler carrément.*

ériger, *v. a.* — *une statue.*

errer, *v. n.*

essayer, *v. a.*

essorer, *v. a.*

essouffler, *v. a.*

étamer, *v. a.* *enduire d'étain.*

étancher, *v. a.* |— *le sang d'une plaie,* l'arrêter. — *la soif,* l'apaiser.

étayer, *v. a.* *appuyer, soutenir.*

éteindre, *v. a.*

étinceler, *v. n.*

étrangler, *v. a.*

éventer, *v. a.*

exagérer, *v. a.*

exaspérer, *v. a.*

exaucer, *v. a.* *accorder une grace.*

excéder, *v. a.*

---

1. Ne dites ni *émouler* ni *rémouler.* 2. Vulgair. *crasser.* 3. Dites : *je vous épargnerai,* et non , *je vous éviterai cette peine.*

exceller, *v. n.*

exciter, *v. a.*

exclure, *v. a.; part.* exclu, clue. exclus, cluse.

exempter, *v. a.*

exhausser, *v. a.* élever : — *une maison.*

exhiber, *v. a.* montrer.

exhumer, *v. a.* déterrer.

expulser, *v. a.* chasser.

s'extasier, *v. pron.*

extirper, *v. a.* arracher, détruire.

extorquer, *v. a.*

façonner, *v. a.*

faillir, *v. n.*

falloir, *v. impersonnel.*

falsifier, *v. a.*

familiariser, *v. a.*

faner, *v. a.*

fasciner, *v. a.* | empêcher de voir les choses comme elles sont.

fendre, *v. a.*

fermenter, *v. n.*

ferrer, *v. a.*

feuilleter, *v. a.*

fixer, *v. a.*

flairer[1], *v. a.* sentir par l'odorat.

flamber, | *v. a.* — *un chapon,* le passer par le feu. *v. n. faites* flamber *le feu.*

fleurer, *v. n.* répandre une odeur.

fleurir, *v. n.*

fomenter, *v. a.* exciter : — *des troubles.*

fourmiller, *v. n.*

frapper, *v. a.*

frémir, *v. n.*

frissonner, *v. n.*

froisser, *v. a.*

frôler, *v. a.* toucher légèrement en passant.

frotter, *v. a.*

fuir, | *v. a.* — *le danger, les méchants. v. n. les ennemis* fuyaient *devant nous.*

fusiller, *v. a.*

gagner, *v. a.*

galoper, *v. n.*

se gargariser, *v. pron.*

garrotter, *v. a.* lier fortement.

gêner, *v. a.*

glisser, | *v. n.* — *sur le pavé. v. a.* — *sa main dans la poche de quelqu'un.*

gourmander, *v. a.* réprimander durement.

grappiller, *v. n. et a.*

grasseyer, *v. n.* prononcer l'r de la gorge.

gratifier, *v. a.*

gratter, *v. a.*

gravir, | *v. a.* — *une montagne. v. n.* — *sur une montagne.*

grimper, *v. n.*

grincer, | *v. a.* — *les dents. v. n.* — *des dents.*

grouper, *v. a.*

gruger, *v. a.* | briser entre ses dents : — *du sucre.* — *quelqu'un,* lui manger son bien.

guetter, *v. a.*

haïr, *v. a.* (h *asp.*) | je hais, tu hais, il hait, nous haïssons.

hanter, *v. a.* (h *asp.*) fréquenter.

harceler, *v. a.* (h *asp.*) inquiéter, tourmenter.

hausser, *v. a. et n.* (h *asp.*)

héberger, *v. a.* recevoir chez soi.

hérisser, *v. a.* (h *asp.*) le lion hérisse sa crinière.

hésiter, *v. n.*

heurter, *v. a. et n.* (h *asp.*)

humecter, *v. a.*

illustrer, *v. a.*

imbiber, *v. a.*

s'immiscer, *v. pr.* s'entremettre mal à propos.

immoler, *v. a.*

imprégner, *v. a.* — *une étoffe d'une couleur.*

inculper, *v. a.* accuser d'une faute.

inculquer, *v. a.* imprimer dans l'esprit.

induire, *v. a.* porter à : — *en erreur.*

infecter, *v. a.* corrompre : — *l'air.*

infester, *v. a.* ravager.

infliger, *v. a.* — *un châtiment,* l'imposer.

s'ingérer, *v. pron.* se mêler à tort d'une chose.

inhumer, *v. a.* mettre en terre.

initier, *v. a.* instruire : — *à des mystères.*

innover, *v. a.* introduire une nouveauté.

insérer, *v. a.* mettre dans.

insister, *v. n.*

installer, *v. a.* mettre en possession.

intercaler, *v. a.* insérer.

---

1. **Ne dites pas :** *fleurez* ce bouquet.

intercepter, *v. a.*

interroger, *v. a.*

interrompre, *v. a.*

invectiver[1], *v. n.*

inventorier, *v. a.* faire l'inventaire de.

irriter, *v. a.*

jaillir, *v. n.*

jeter, *v. a.*

joindre, | *v. a. — les mains ; — la vertu au mérite.* | *v. n. cette porte ne joint pas.*

jouir[2], *v. n.*

lancer, *v. a.*

léser, *v. a.* faire tort.

lésiner, *v. n.*

leurrer, *v. a.* tromper par des promesses.

louvoyer, *v. n.* sur mer, aller en zigzag.

luire, *v. n.*

lutter, *v. n.* combattre.

maçonner, *v. a.*

mander, *v. a.* faire savoir ; faire venir.

manquer, | *v. a. — une occasion.* | *v. n. — à son devoir.*

maudire, *v. a.*

médire, *v. n.*

mêler, *v. a.*

mentir, *v. n.*

mitiger, *v. a.* adoucir : — une peine.

moissonner, *v. a.*

morigéner, *v. a.*

moudre, *v. a.* je mouds, je moulus.

mouiller, *v. a.*

mourir[3], *v. n.*

mouvoir, *v. a.* je meus, nous mouvons.

mûrir, *v. a. et n.*

naître, *v. n.* je nais, je naquis, je suis né.

narguer, *v. a.* braver.

nettoyer, *v. a.*

nommer, *v. a.*

nourrir, *v. a.*

nuire, *v. n.*

obscurcir, *v. a.*

obséder, *v. a.* fatiguer, importuner.

observer[4], *v. a.*

*obstiner, *v. a.*

occasionner, *v. a.* [-oner]

occuper, *v. a.*

offrir, *v. a.*

offusquer, *v. a.*

opposer, *v. a.*

*orthographier, *v. a.*

oser, *v. a.*

ôter, *v. a.*

ouïr, *v. a.*

paître, | *v. n. les troupeaux paissaient.* | *v. a. paissez vos brebis.*

pallier, *v. a. — une faute,* l'excuser.

panser, *v. a.* | — une plaie, la soigner. | — un cheval, l'étriller.

paraître, *v. n.*

parsemer, *v. a.*

pâtir, *v. n.* souffrir.

peindre, *v. a.*

pelotonner, *v. a.*

pencher, *v. a. et n.*

pendre, *v. a. et n.*

penser, *v. a. et n.*

perfectionner, *v. a.*

périr, *v. n.*

persister, *v. n.*

placer, *v. a.*

plaindre, *v. a.*

policer, *v. a.* soumettre à de sages lois.

poser, | *v. a. — un livre sur une table.* | *v. n. être dans l'attitude du modèle de peinture.*

posséder, *v. a.*

pousser, *v. a. et n.*

prendre, *v. a. et n.*

préoccuper, *v. a.*

présenter, *v. a.*

pressentir, *v. a.*

prévaloir, *v. n.* que je prévale.

---

1. Dites : *il a invectivé* contre moi, et non, *il m'a invectivé.* 2. Ne dites pas : *il jouit d'une mauvaise santé, d'une mauvaise réputation*; dites : *il a une mauvaise santé*, etc. 3. Dites : *on l'a fait mourir*, et non, *il a été fait mourir.* 4. Dites : *je vous ferai observer, remarquer que.....*, et non, *je vous observerai, je vous remarquerai que.....*

proférer, *v. a.* prononcer.

réhabiliter, *v. a.* — quelqu'un dans ses droits.

prohiber, *v. a.* défendre.

rehausser, *v. a.*

promener [1], *v. a.*

réintégrer, *v. a.* remettre en possession.

pulluler, *v. n.* se multiplier rapidement.

réitérer, *v. a.* répéter : — un ordre.

punir, *v. a.*

rejaillir, *v. n.*

quitter, *v. a.*

rembarrer, *v. a.* repousser, rebuter.

rabattre, *v. a.*

rembourrer, *v. a.* garnir de bourre.

raccommoder, *v. a.*

remémorer, *v. a.* rappeler à la mémoire.

raconter, *v. a.*

remplir, *v. a.*

racornir, *v. a.*

renchérir, | *v. a.* — ses marchandises. | *v. n.* le pain renchérit.

raffiner, | *v. a.* — le sucre, etc. | *v. n.* — sur le langage.

renforcer [4], *v. a.*

rafraîchir, *v. a.*

renouveler, *v. a.*

raisonner, *v. n.* faire des raisonnements.

répandre, *v. a.*

railler, *v. a. et n.* plaisanter.

repartir, | *v. n.* partir de nouveau. | *v. a.* répliquer.

ralentir, *v. a.*

répartir, *v. a.* distribuer, partager.

rallier, *v. a.* rassembler.

se repentir, *v. pron.*

ramper, *v. n.*

requérir, *v. a.* je requiers, je requerrai.

rapiécer, *v. a.*

résilier, *v. a.* annuler : — un contrat.

rappeler [2], *v. a.*

résonner, *v. n.* retentir.

rassasier, *v. a.*

ressaisir, *v. a.*

recéler, *v. a.* garder et cacher : — un vol.

ressemeler, *v. a.*

réciter, *v. a.*

ressentir, *v. a.*

recommander, *v. a.*

resserrer, *v. a.*

recommencer, *v. a.*

ressortir [5], *v. n.*

recouvrer [3], *v. a.* rentrer en possession de.

se ressouvenir, *v. pron.*

recouvrir, *v. a.* couvrir de nouveau.

ressuer, *v. n.* les murs neufs ressuent.

recréer, *v. a.* créer de nouveau.

ressusciter, *v. a. et n.*

récréer, *v. a.* réjouir, divertir.

restreindre, *v. a.* diminuer : — sa dépense.

refléter, *v. a.* renvoyer : — la lumière.

rétablir [6], *v. a.*

reformer, *v. a.* — un corps d'armée dispersé.

s'en retourner, *v. pr.* | je m'en suis retourné.

réformer, *v. a.* diminuer : — le luxe, les abus.

rétrograder, *v. n.*

*refroidir, *v. a.*

réveiller, *v. a.*

se réfugier, *v. pron.*

révéler, *v. a.* dévoiler une chose secrète.

réfuter, *v. a.* démontrer la fausseté d'une assertion.

revendiquer, *v. a.* réclamer ce qui est à soi.

regimber, *v. n.* refuser d'obéir.

rhabiller, *v. a.* | habiller de nouveau. | raccommoder.

régir, *v. a.* gouverner.

rincer, *v. a.*

régner, *v. n.*

riposter, *v. n. et a.*

regretter, *v. a.*

rôder, *v. n.*

---

1. Dites : *allons* nous *promener*, et non, *allons promener*. 2. Dites : *se rappeler quelque chose*, et non, *se rappeler de quelque chose*. 3. Dites : *il a recouvré la vue, la santé*, et non, *il a recouvert la vue*, etc. 4. Dites : *cet enfant s'est renforcé*, et non, *est renforci*. 5. Dites : *toutes ces causes ressortissent au même tribunal*, et non, *ressortissent du.....* 6. Dites : *il a rétabli l'ordre*, ou *il a fait cesser le désordre*, et non, *il a rétabli le désordre*.

rouiller, *v. a.*

roussir, *v. a.* et *n.*

rouvrir, *v. a.*

ruisseler, *v. n.*

saccager, *v. a.* mettre au pillage : — une ville.

salir, *v. a.*

saper, *v. a.* détruire par les fondements.

*saupoudrer, *v. a.*

sceller, *v. a.* |appliquer un sceau.
|faire tenir avec du plâtre, du plomb.

scier, *v. a.*

scruter, *v. a.* sonder, examiner à fond.

seconder, *v. a.* aider, favoriser.

séduire, *v. a.*

seller, *v. a.* — un cheval.

sembler, *v. n.*

sentir, |*v. a.* — *du plaisir, de la douleur.*
|*v. n. cette fleur sent bon.*

serrer, *v. a.*

signer, *v. a.* mettre sa signature.

solliciter, *v. a.*

se soucier, *v. pron.* se mettre en peine de.

soudoyer, *v. a.* entretenir à sa solde.

souffrir, *v. a.* et *n.*

soufrer, *v. a.* enduire de soufre.

souhaiter, *v. a.*

souiller, *v. a.* salir.

souligner, *v. a.*

soupçonner, *v. a.*

sous-louer, *v. a.*

soustraire, *v. a.* |nous soustrayons, je sous-|trayais.

soutirer, *v. a.*

subir, *v. a.*

subjuguer, *v. a.*

succomber, *v. n.*

sucrer [1], *v. a.*

suffire, *v. n.*

suggérer, *v. a.* mettre dans l'esprit.

supplanter, *v. a.*

suppléer, |*v. a.* — *ce qui manque à une somme.*
|*v. n. la vertu supplée au nombre.*

supplier, *v. a.*

supposer, *v. a.*

supprimer, *v. a.*

susciter, *v. a.* faire naître : — des embarras.

tâcher [2], *v. n.*

tancer, *v. a.* réprimander.

se targuer, *v. pr.* se prévaloir avec ostentation.

tarir, *v. a.* et *n.*

tenter, *v. a.*

tergiverser, *v. n.* employer des détours.

thésauriser [3], *v. n.*

tiller, *v. a.* [teil-] — le chanvre.

tousser, *v. n.*

tracer, *v. a.*

trafiquer, *v. n.* et *a.*

trahir, *v. a.*

traîner, *v. a.*

traiter, *v. a.*

transcrire, *v. a.* copier un écrit.

transvaser [4], *v. a.*

se trémousser, *v. pron.*

trépigner, *v. n.*

tressaillir, *v. n.*

trier [5], *v. a.*

tutoyer, *v. a.*

tyranniser, *v. a.*

vaciller, *v. n.* (pr. les ll sans les mouiller)

vaincre, *v. a.*

valoir [6], |*v. n. avoir un prix, une valeur.*
|*v. a. procurer, faire obtenir.*

vanner, *v. a.* — le grain, le nettoyer.

vanter, *v. a.*

vendre, *v. a.*

vérifier, *v. a.*

vernisser, *v. a.* — la poterie.

vêtir, *v. a.* je vêts, nous vêtons.

visser, *v. a.*

vivre, *v. n.* je vécus, j'ai vécu.

vouloir [7], *v. a.*

---

1. Ne dites pas : *sucrez*-vous ; dites : *sucrez* votre café, etc. 2. *Tâcher* ne doit jamais être suivi de *que* ; ainsi dites : *je tâcherai de vous contenter*, et non, *je tâcherai* que *vous soyez content*. 3. Vulgair. *trésoriser*. 4. *Transvider*. 5. *Trayer*. — Dites *triage*, et non *trayage*. 6. Dites : *il faut que cela vaille bien peu de chose*, et non, *que cela vale*. 7. Dites aussi : *pour réussir, il suffit que vous le* vouliez, et non, *que vous le* veuillez.

XXXIX. MOTS INVARIABLES.

Prépositions.

à [1].	durant [2].	par.
après.	en.	parmi.
avant.	entre.	pendant.
avec.	envers.	pour.
chez.	environ.	sans.
concernant.	excepté.	sauf.
contre.	hormis. (h *asp.*)	selon.
dans.	hors. (h *asp.*)	sous.
de.	jusque.	suivant.
depuis.	malgré.	sur.
derrière.	moyennant.	touchant.
dès.	nonobstant.	vers.
devant.	outre [3].	voici. voilà.

Prépositions composées.

à cause de.	auprès de.	lors de.
à l'instar de.	autour de.	près de.
à l'insu de.	d'après.	proche de.
au delà de.	en deçà de.	vis-à-vis de [4].

Conjonctions.

aussi. aussi *est-il certain que...*	mais.	pourtant.
car.	ni.	puisque.
comme [5].	or.	quand. quand *je le voudrais, je ne le pourrais pas.*
donc.	ou. ou bien.	quoique.
et.	partant.	si.
lorsque.	pourquoi.	soit.

Conjonctions composées.

afin de, afin que.	en tant que.	pourvu que.
en sorte que.	parce que.	tandis que.

Adverbes.

abondamment.	alentour. [à l'entour]	assez.
ailleurs.	alors.	aujourd'hui.
ainsi.	ardemment.	auparavant.

1. Dites : *la clef est* à *la porte*, et non, après *la porte*. 2. Dites : *sa vie* durant, et non, *sa vie* durante. 3. Dites : *outre cela*, et non, en *outre de cela*. 4. Dites : *il s'est mal conduit* envers *moi*, à mon égard, et non, vis-à-vis de *moi*. 5. Ne dites pas: *cet homme est aussi modeste* comme *il est savant*, dites : *cet homme est aussi modeste* qu'*il est savant*.

aussi. *il est — modeste que savant.*
aussitôt[1].
autant.
autrefois.
aveuglément.
beaucoup.
bientôt.
brièvement.
céans. *ici dedans.*
cependant.
certes.
ci[2]. *ce livre-ci.*
combien.
comment.
commodément.
communément.
conformément.
confusément.
couramment.
crûment.
davantage.
debout[3].
dedans.
dehors.
déjà.
demain.
derechef. *de nouveau.*
désormais.
dessous.
dessus.
différemment.
distinctement.
dorénavant.
efficacement.
élégamment.
encore.
enfin.
énormément.

ensemble.
ensuite.
exprès.
expressément.
fixement.
fréquemment.
gaiement, *ou* gaîment.
gentiment.
gratis.
guère, guères.
hermétiquement.
hier.
ici.
immensément.
impunément.
incessamment.
incognito. (pr. *inco-gnito.*)
incontinent. aussitôt.
instamment.
intimement.
jadis. autrefois.
jamais.
là.
loin.
maintenant.
mieux.
moins.
naguère, naguères.
néanmoins.
non.
notamment.
obligeamment.
obscurément.
opiniâtrément.
où.
oui.
parfois.
partout.

pas.
pertinemment.
peu.
pis[4].
plus.
plus tôt. plus vite.
plutôt. préférablement.
point.
précipitamment.
précisément.
presque.
profondément.
prudemment.
puis.
quand. quand *parlez-vous?*
quant. quant *à moi, j'y consens.*
quasi. presque.
quelquefois.
récemment.
réciproquement.
savamment.
sciemment.
soudain.
souvent.
succinctement.
suffisamment.
surtout. [sur-tout]
tant.
tantôt. tout à l'heure.
tard.
tôt. tôt ou tard.
toujours.
toutefois.
très[5].
trop.
uniformément.
vaillamment.
volontiers.

---

1. Dites *aussitôt* après *son départ*, et non, *aussitôt son départ.* 2. Dites : *cet homme-ci, ce livre-ci*, et non, *cet homme ici, ce livre ici.* 3. *Se tenir debout*, c'est n'être pas assis; *se tenir* ou *être droit*, c'est n'être ni courbé ni penché. 4. Dites : *cette affaire va de mal en* pis, et non, *de mal en pire.* 5. Ne dites pas : *j'ai* très-*faim*, très-*soif*; dites : *j'ai* extrêmement *faim*, extrêmement *soif.*

Adverbes composés, ou *locutions adverbiales.*

à califourchon.
à cette heure.
*à cloche-pied.
à compte [a].
à contre-cœur.
à cor et à cri.
à croupetons.
à foison.
au/à { fur et à mesure.
à huis clos. | les portes étant fermées.
à huis ouverts. —ouvertes.
à jeun.
à la débandade.
à l'avenir.
à l'envi.
à l'improviste.
à outrance.
à peu près.
à plomb.
à propos.
à/au { rebours [1].
à reculons.
à tâtons.
à tue tête. [à tue-tête]

au pis aller. [au pis-aller]
avant-hier. (pr. avantière)
à vau l'eau. [à vau-l'eau]
à venir. le temps —.
à verse. il pleut —.
bon gré mal gré.
çà et là.
c'est-à-dire.
*coûte que coûte.
d'abord.
d'ailleurs.
d'arrache-pied.
de bonne heure [2].
d'emblée.
de guingois.
de plain-pied. de niveau.
de sang froid.
en arrière.
en sursaut.
en suspens.
en tapinois.
en vain.
etc. (pr. *et cétéra*)
longtemps. [long-temps.]

maintefois ou maintes fo ,
non-seulement.
par-ci par-là.
*par mégarde.
pêle-mêle.
peu à peu.
peut-être.
ric-à-ric. exactement.
sans cesse.
sans contredit.
sans doute.
sens dessus dessous.
sens devant derrière.
sur ces entrefaites.
sur-le-champ.
tant mieux.
tant pis [3].
tête à tête.
tour à tour.
tout à coup. soudainement.
tout-à-fait.
tout à l'heure.
tout d'un coup. d'une seule fois.
*vaille que vaille.

Interjections ou *Exclamations.*

ah! ah! *que je souffre!*
aïe!
amen!
bravo!
chut!
dame!
diantre!
eh! eh! *qui aurait pu croire.....?*

eh bien! hé bien!
fi !
gare!
ha! ha! *vous voilà !*
hé! hé! *qu'allez-vous faire ?*
hélas!
hem! (h *asp.*)
ho ! ho ! *quel homme !*

holà! (h *asp.*)
ô! *ô temps! ô mœurs !*
oh! oh! *n'en doutez pas.*
quoi!
silence!
sus!
vivat!
zest!

---

1. Vulgair. *à la rebours.* 2. Dites : *Je me suis levé* de trop *bonne heure*, et non, trop à *bonne heure.* 3. Ne dites pas *tant pire.*

[a] Les adverbes composés sont quelquefois employés substantivement ; ils prennent alors le tiret, ou ne forment qu'un seul mot ; ainsi l'on écrit : *l'à-propos, un à-peu-près, un tête-à-tête, l'aplomb, l'avenir, une averse, un à-compte* ou *un acompte, un atout* ou *un à-tout*, etc.

SUPPLÉMENT.

RÈGLES D'ORTHOGRAPHE [1].

INITIALES.

AF.

Les mots qui commencent par *af* prennent deux *f*, excepté *afin*, *Afrique*, *Africain*.

AM.

Les mots qui commencent par *am* ne doublent pas la lettre *m;* excepté *ammoniac*, les dérivés, et quelques termes d'histoire naturelle.

AN.

De tous les mots qui commencent par *an*, il n'y a que *année*, *anneau*, *annexer*, *annihiler*, *annonce*, *annoter*, *annuler*, et leurs dérivés, qui prennent deux *n*.

AT.

Les mots qui commencent par *at* prennent un double *t*, excepté *atelier*, *atermoyer*, *athée*, *athénée*, *athlète*, *atlas*, *atmosphère*, *atome*, *atours*, *atout*, *atrabilaire*, *âtre*, *atroce*, les dérivés, et quelques mots peu usités.

COM.

Com suivi d'une voyelle, double la lettre *m*, excepté dans *coma* (maladie), *comédie*, *comique*, *comestible*, *comète*, *comité*, et les dérivés.

COR.

Si *cor* initial est suivi d'une voyelle, il prend deux *r*, excepté dans *corail*, *coriace*, *coriandre*, *corollaire*, *corolle*, *coryphée*, les dérivés, et quelques termes peu connus.

DEF, DIF.

Def ne double jamais la lettre *f*: *défense*, *déférence*, *défiance*, etc. — *dif*, au contraire, la double toujours: *différence*, *difficulté*, *difforme*, etc.

EF.

Les mots qui commencent par *ef* prennent deux *f*, excepté *éfaufiler* et *éfourceau*.

EL.

Elle, *ellébore*, *ellipse*, et les dérivés, sont les seuls mots où la lettre *l* se double. Tous les autres n'en prennent qu'une : *électrique*, *élément*, *élever*, etc.

IL.

Les mots qui commencent par *il* prennent deux *l*, excepté *ilote*, *ilotisme*, *île* et ses dérivés.

IM.

Lorsque *im* initial doit être suivi d'une voyelle, il prend deux *m*, excepté dans *image*, *imaginer*, *iman*, *imiter*, et les dérivés.

IM, IN, AIN.

Le son *ain*, au commencement des mots, se rend par *im* avant le *b* ou le *p* : *imbiber*, *imprudence*, etc., et par *in* avant les autres consonnes : *inconstance*, *indigence*, *interroger*, etc. — Un seul mot commence par *ain* : *ainsi*.

---

1. Je n'ai point eu l'intention de présenter un tableau complet des règles qu'on peut donner sur l'orthographe des mots; je me suis borné à celles qui offrent le moins d'exceptions, et à celles que l'expérience m'a fait remarquer comme les plus utiles.

IN.

In initial ne double la lettre *n* que dans *innavigable, inné, innocence, innombrable, innover,* et les dérivés; on écrit *inattention, inégal, iniquité, inonder, inutile,* etc.

IR.

Irascible, iris, ironie, et les dérivés, sont les seuls mots commençant par *ir* qui ne doublent pas la lettre *r.*

OC.

Les mots qui commencent par *oc* suivi d'une voyelle prennent deux *c,* excepté *océan, ocelot, oculaire, oculiste,* les dérivés, et quelques mots peu connus.

OF.

Of initial double toujours son *f: offense.* Il n'y a point d'exception.

OP.

Op ne prend qu'un *p* avant *a, e, i, u ;* ex.: *opaque, opération, opinion, opulence,* etc.; mais il en prend deux avant *o* ou *r: opposer, oppression,* etc.

OR.

Dans les mots qui commencent par *or,* on ne double jamais la lettre *r: oreille.* Règle sans exception.

REF.

Dans *ref* initial la lettre *f* ne se double jamais : *réforme, réfuter,* etc.

SUF.

Au contraire, *suf* en prend toujours deux : *suffire, suffrage,* etc.

SUP.

Les mots qui commencent par *sup* prennent deux *p: supplice, support, supprimer,* etc. —Il faut excepter de cette règle *suprême, suprématie,* et les mots qui commencent par *super,* comme *supercherie, supérieur,* etc.

MÉDIALES.

AN, EN.

Dans le corps des mots, le son *an* se rend toujours par *a* avant le *g,* de même qu'avant et après *ch : louange, épancher, méchant,* etc. Exceptions : *hareng, venger, pencher, pervenche,* et les dérivés.

B.

Les mots où le *b* se double sont *abbé, gibbeux, gibbon, rabbin, sabbat,* et les dérivés *abbesse, abbaye,* etc.

BAN, BEN.

Le son *ban* ne se rend par *ben* que dans les mots *prébende, prébendier* et *térébenthine;* hors de là il se rend par *ban : bandeau, banque, abandonner, contrebande,* etc. — *Ben-join* se prononce *binjoin.*

D.

D ne se double que dans *addition, adducteur, reddition,* et les dérivés.

EI changé en É.

Les mots qui changent *ei* en *é* dans les dérivés sont : *frein, effréné; peine, pénible; plein, plénitude; serein, sérénité.*

FAN, PHAN, FEN.

Le son *fan* se rend toujours par *a : fanfare, enfant, infanterie, éléphant,* etc.; excepté dans les mots *fendre, défendre, offense,* et leurs dérivés.

G.

Les mots où le *g* se double sont : *agglutiner, suggérer,* et les dérivés. — On écrit *agglomérer* et *aglomérer, aggraver* et *agraver,* mais on ne met plus qu'un *g* dans *agréger, agresseur,* et leurs dérivés.

GA, GAN.

Dans aucun substantif, dans aucun adjectif, le son *ga, gan,* ne se rend par *gua, guan;* ainsi l'on écrit *navigation, allégation, élégant, intrigant, infatigable, prodigalité,* etc.

GI.

L'*i* n'est jamais précédé d'un *j*; on écrit *agile*, *girafe*, *régisseur*, etc.

I précédé d'un E.

On ne met jamais de tréma sur l'*i* précédé d'un *e*; on écrit donc *théière*, *déiste*, *velléité*, et non *théïère*, etc.

ISS, IC.

Les substantifs qui viennent des verbes terminés en *ir* prennent *ss* et non un *c*; ainsi l'on écrit : *obéir*, *obéissance*; *accomplir*, *accomplissement*; *nourrir*, *nourrisson*; *meurtrir*, *meurtrissure*, etc. — Les mots *nourrice*, *nourricier* (de *nourrir*), *service* (de *servir*), *sévices* (de *sévir*), font seuls exception.

FINALES.

AIL, EIL, EUIL; AILLE, EILLE, EUILLE.

Les substantifs masculins terminés par les sons *ail*, *eil*, *euil*, ne prennent pas *le* à la fin; on écrit *détail*, *réveil*, *deuil*, etc.; il faut en excepter deux mots composés : *chèvre-feuille* et *portefeuille*. — Les substantifs féminins, au contraire, prennent *le* : *bataille*, *oreille*, *feuille*, etc.

AIRE, ÈRE.

Les adjectifs de cette désinence s'écrivent généralement par *aire* : *imaginaire*, *pulmonaire*, *solitaire*, etc. — Il n'y en a que dix qui se terminent par *ère* : *adultère*, *austère*, *colère*, *délétère*, *éphémère*, *prospère*, *pubère*, *sévère*, *sincère*, et *baptistère* (qu'on écrit plutôt *baptistaire*). Je ne parle pas des composés de *fère*, tels que *vélocifère*, *pestifère*, *léthifère*, ni d'adjectifs dérivés du grec et peu usités.

AL, ALE; EL, ELLE; EIL, EILLE.

Les adjectifs terminés par *al* ne doublent pas la lettre *l* au féminin : *amical*, *cale*; *frugal*, *gale*, etc. — Dans les adjectifs terminés par *el* ou *eil*, au contraire, on la double : *artificiel*, *elle*; *pareil*, *reille*, etc.

ANCE, ENCE.

Les substantifs qui dérivent d'un adjectif terminé par *ant* en conservent l'*a*; ex. : *abondant*, *abondance*; *obligeant*, *obligeance*; — ceux qui dérivent d'un adj. terminé par *ent* en conservent l'*e*; ex. : *absent*, *absence*; *négligent*, *négligence*. Il faut excepter de cette règle *exigence*, *existence*, qui viennent d'*exigeant*, *existant*. — *Résidence* a été formé du subst. *résident*, et non de l'adj. *résidant*.

ANCE, ENCE; ANSE, ENSE.

Il y a six substantifs terminés par *anse* : *anse*, *danse*, *contredanse*, *ganse*, *panse*, et *transe*; cinq terminés par *ense* : *défense*, *dépense*, *dispense*, *offense*, et *récompense*. Les autres substantifs de ces deux terminaisons, au nombre d'environ 250, s'écrivent par un *c* : *aisance*, *alliance*, *affluence*, *corpulence*, etc.

ANCER, ENCER; ANSER, ENSER.

Il n'y a que deux verbes terminés par *anser* : *danser* et *panser* (soigner une plaie, etc.); il y en a neuf usités qui sont terminés par *enser* : *compenser*, *condenser*, *dépenser*, *dispenser*, *encenser*, *offenser*, *penser* (réfléchir), *recenser*, et *récompenser*. Les autres verbes de ces deux terminaisons prennent *cer* : *avancer*, *balancer*; *commencer*, *influencer*, etc.

ANE, ANNE.

Dans le féminin des adjectifs et des substantifs terminés par *an*, on ne double pas la lettre *n* : *anglican*, *cane*; *persan*, *sane*; *sultan*, *tane*; excepté *paysan*, *sanne*.

ANE, ANNE.

Les substantifs *banne*, *canne* (bâton), *dame-jeanne*, *kahouanne*, *manne*, *panne*, *paysanne*, et *rouanne*, sont les seuls de cette terminaison qui prennent deux *n*; on écrit *cabane*, *cane* (femelle du canard), *caravane*, *chicane*, *tisane*, etc.

ANT, ENT.

Les adjectifs verbaux, c'est-à-dire qui viennent des verbes, se terminent généralement par *ant : excédant, te; exigeant, te; existant, te; résidant, te,* etc. Les exceptions à cette règle sont : *précédent, te; — abstergent, te; convergent, te; divergent, te; négligent, te; — équivalent, te; excellent, te; — adhérent, te; apparent, te; différent, te; — affluent, te; influent, te.*

APE, APPE.

Les substantifs terminés par *appe* sont : *frappe, grappe, happe, nappe,* et *trappe.* Les autres substantifs de cette terminaison ne prennent qu'un *p : attrape, cape, chape, étape,* etc.

APHE, AFE, AFFE.

Agrafe, carafe et *girafe* ne prennent qu'une *f : gaffe, naffe* (eau de), en prennent deux. — On écrit *pataraffe* ou *patarafe ; parafe* ou *paraphe.* — Tous les autres mots de cette désinence prennent *phe : cénotaphe, épitaphe, géographe, orthographe, paragraphe, télégraphe,* etc.

ASSER, ACER.

Les verbes dérivés des substantifs terminés par *as* se forment régulièrement, en doublant la lettre *s : amas, amasser; cadenas, cadenasser; compas, compasser; tracas, tracasser,* etc. Une seule exception : *verglas, verglacer.*

ATE.

Le féminin des adjectifs terminés par *at* ne prend qu'un *t : délicat, cate; ingrat, grate; plat, plate.* Quelques-uns écrivent à tort *matte* pour le féminin de *mat.*

ATE, ATTE.

Les substantifs de cette terminaison ne prennent qu'un *t : agate, cravate, date* (époque), etc. Exceptions : *baratte, batte, chatte, datte* (fruit), *jatte, latte,* et *natte. Pate* est préférable à *patte.*

ATER, ATTER.

On ne met qu'un *t* dans la plupart des verbes de cette terminaison : *constater, dater, éclater, relater* (raconter, rapporter), etc. Exceptions : *baratter, flatter, gratter, latter, natter,* et leurs composés.

ATION, ASSION.

Les substantifs de ce son final prennent un *t : assignation, cessation, dissipation,* etc.; excepté seulement *passion* et *compassion.* — Aucun subst. ne se termine par *acion.*

EAU, AU.

Les substantifs terminés par *au* prennent un *e* avant l'*a : caveau, manteau, traîneau,* etc. — Il faut excepter de cette règle les mots *étau, landau, pilau, sarrau ;* ceux où *au* est précédé d'une voyelle, *aloyau, boyau, fabliau, fléau, gluau, gruau, hoyau, joyau, noyau, tuyau,* et quelques autres peu usités.

CANT, QUANT; CABLE, QUABLE.

Les adjectifs dérivés des verbes terminés par *quer* prennent un *c* au lieu de *qu;* on écrit *suffocant, te; vacant, te,* etc. — *explicable, praticable,* etc. — Les exceptions à cette règle sont *choquant, te; croquant, te; marquant, te; piquant, te; —* et *critiquable, attaquable, immanquable, remarquable, risquable.*

CATION, QUATION.

Aucun substantif terminé par le son *kation* ne prend *qua;* ainsi l'on écrit *abdication, application, fabrication, indication,* etc. — Le mot *équation* se prononce *ékouacion.*

CIABLE, TIABLE.

La terminaison *ciable* s'écrit par un *c : inappréciable, insociable, préjudiciable,* etc. Exception unique : *insatiable.*

CIER, TIER, SCIER.

Balbutier et *initier* sont les seuls verbes où le son *cier* se rende par un *t;* on écrit *associer, licencier, négocier,* etc. — Le verbe *scier* est le seul de cette terminaison qui prenne une *s* avant le *c.*

ECT.

Aucun adjectif ne se termine par *ecte* au masculin; on écrit *abject, correct, direct*, etc.

EINDRE, AINDRE, AINCRE.

Contraindre, plaindre, et *craindre*, sont les seuls verbes de cette terminaison qui prennent *ain* à l'avant-dernière syllabe; les autres prennent *ein* : *enfreindre, peindre, teindre*, etc. — On écrit par *ain*, *vaincre* et *convaincre*.

ENDRE, ANDRE.

Excepté *épandre* et *répandre*, tous les verbes du son final *andre* prennent un *e* à l'avant-dernière syllabe; on écrit *attendre, prendre, rendre, vendre*, etc.

ESCER, ISCER.

Il n'y a que deux verbes qui se terminent par *scer* : *acquiescer* et *s'immiscer*.

EU, EUX.

Bleu, feu (mort), et *hébreu*, sont les seuls adjectifs de cette terminaison qui ne prennent pas d'*x* au singulier. *Bleu* fait au féminin *bleue*, et au pluriel *bleus, bleues; feu* fait au fém. *feue*, et n'a pas de pluriel; *hébreu* n'a pas de fém. régulier, et au plur. on écrit *hébreux*.

Les substantifs, au contraire, ne prennent pas d'*x* au singulier; on écrit *aveu, cheveu, enjeu, milieu, vœu*, etc. Excepté *un creux*. — Un seul s'écrit par *œud*, c'est *nœud*.

Les adjectifs employés substantivement conservent naturellement la finale *x* : *un boiteux, un paresseux*, etc.

EUR, EURE, EURRE.

Les substantifs de cette désinence, soit masculins, soit féminins, s'écrivent par *eur* : *sapeur, vainqueur; erreur, lueur*, etc. Exceptions : *beurre, babeurre, feurre, leurre*, qui sont du genre masculin; *chantepleure, demeure, heure, plateure*, et *gageure, mangeure*, (pron. *gajûre, manjûre*), qui sont féminins.

GE, JE.

A l'exception du pronom *je*, tous les mots qui ont ce son final prennent *ge;* on écrit : *âge, siége, neige, prodige, juge, linge, orge*, etc.

GEON, JON.

Trois substantifs seulement se terminent par *jon* : *bijon, donjon*, et *goujon*. Les autres subst. de cette désinence prennent *geon* : *bourgeon, pigeon, plongeon*, etc. — On écrit *jonc* avec un *c*.

IF, IFE.

Aucun adjectif ne se termine par *ife;* on écrit *attentif, craintif, excessif*, etc. — Les substantifs suivent la même règle : *canif, suif, tarif*, etc.; excepté *calife* et *pontife*.

ILE, IL, ILLE.

Les adjectifs terminés par *il* sont : *bissextil, tile; civil, vile; puéril, rile; subtil, tile; vil, vile; viril, rile; volatil, tile;* et *gentil*, dont le féminin est *gentille*. — *Tranquille* s'écrit toujours avec deux *l; imbécille* peut s'écrire avec une seule : *imbécile*. — Tous les autres adjectifs sont terminés par *ile : docile, facile, fertile, stérile*, etc.

ILLANT, ILIANT.

Les adjectifs et les substantifs de cette terminaison s'écrivent par *ll* : *vaillant, bouillant; assaillant, surveillant*, etc. Excepté *conciliant* et *humiliant*.

ILLARD, ILLIARD.

Les substantifs et les adjectifs terminés par le son *llard* (*ll* mouillées), ne prennent jamais d'*i* après les *ll;* on écrit *brouillard, vieillard, babillard*, etc. Excepté *milliard*.

ILLER, ALLIER, ILIER.

Les verbes terminés par *ailler, eiller, iller, ouiller*, ne prennent pas d'*i* après les *ll;* on écrit *railler, éveiller, griller, fouiller*, etc. — On met l'*i* après les *ll* dans *allier, rallier, mésallier, pallier*. — Enfin l'on écrit avec une seule *l conciller, réconcilier, se domicilier, humilier*, et *résilier*.

ILLEUX, ILIEUX.

Bilieux est le seul adjectif de cette terminaison qui s'écrive par *li;* dans les autres où le son est mouillé, il est représenté par deux *l : rocailleux, merveilleux, périlleux, chatouilleux,* etc.

INE.

Les substantifs de cette désinence ne prennent jamais deux *n;* on écrit *balsamine, cousine, famine,* etc. — Le féminin des adjectifs suit la même règle : *chagrin, grine; enclin, cline,* etc. Il n'y a point d'exception.

IQUE, IC.

Public est le seul adjectif dont le masculin se termine par *ic;* tous les autres prennent *ique* pour les deux genres: *alphabétique, comique, héroïque,* etc. Quelques personnes cependant écrivent *laïc, ïque.*

IR, IRE.

Les verbes terminés par *ire* sont : *circoncire, confire, déconfire, nuire, suffire;* — *cuire* et ses composés *décuire, recuire;* — *dire* et ses composés *contredire, dédire, interdire, maudire, médire, prédire, redire;* — les composés du vieux mot *duire: conduire, éconduire, déduire, enduire, induire, introduire, produire, réduire, traduire;* — *écrire* et ses composés *circonscrire, décrire, inscrire, prescrire, proscrire, souscrire, transcrire;* — *lire, relire, élire;* — *luire, reluire;* — *rire, sourire;* — les composés de *struire: construire, détruire, instruire;* — et les verbes défectifs *bruire, frire.* — Les autres, au nombre de 400, se terminent par *ir : accourcir, enhardir, trahir,* etc.

On peut présenter la même règle de la manière suivante : *Ire* termine les verbes dont le participe est en *vant* ou *sant* prononcé *zant: décrire* (*décrivant*), *suffire* (*suffisant*), etc., excepté *servir, desservir,* et *gir* ou *gésir.* — Les autres s'écrivent sans *e : nourrir* (*nourrissant*), *fuir* (*fuyant*), *cueillir* (*cueillant*), *tenir* (*tenant*), etc. — excepté *maudire, rire, sourire, frire* et *bruire.*

ISSER, ICER, ISCER.

Il n'y a que deux verbes terminés par *icer : épicer* et *policer.* Les autres prennent *isser : apetisser, plisser, vernisser,* etc.; excepté *s'immiscer.*

ITE.

Dans aucun adjectif, dans aucun participe terminé par *it,* on ne double le *t* au féminin : *subit, bite; maudit, dite,* etc. — *Favori* ne prend également qu'un *t* au féminin: *favorite.*

ITE, ITTE.

Les substantifs et les adjectifs terminés par le son *ite* ne prennent qu'un *t : conduite, hypocrite, illicite,* etc.; excepté *fritte* et *quitte.*

ITER, ITTER.

Dans les verbes, il n'y a que *quitter* et *acquitter* qui prennent deux *t;* on écrit : *exciter, habiter, hériter, solliciter,* etc.

MER, MMER.

Dans les verbes terminés par *mer,* l'*m* se double après l'*o : assommer;* excepté dans *chômer.* — L'*m* est toujours simple après *a, i, u, ai, au : entamer, animer, consumer, aimer, embaumer,* etc. Une seule exception : *enflammer.*

NIER, GNER.

Les verbes terminés par *nie* au présent de l'indicatif, prennent à l'infinitif *nier: je calomnie, calomnier.* Ceux qui se terminent par *gne,* prennent à l'infinitif *gner : j'accompagne, accompagner.* Aucun verbe ne se termine à l'infinitif par *gnier.*

NION, GNON.

Il n'y a que cinq substantifs terminés par *nion : communion, opinion, union, désunion,* et *réunion.* Les autres substantifs de cette terminaison s'écrivent par *gnon : compagnon, pignon, rognon,* etc.

OIN , OUIN.

Les mots terminés par *ouin* sont : *babouin, baragouin, bédouin, maringouin, marsouin,* et *sagouin.* — On écrit *tintoin* et *tintouin.* — Les autres substantifs de cette désinence ne prennent pas d'*u* : *besoin, coin, foin, groin, témoin,* etc.

OIR , OIRE.

Oir, termine 1° les verbes , comme *asseoir, voir, vouloir,* etc. ; excepté seulement *boire, croire,* et leurs composés ; — 2° les substantifs masculins formés d'un participe présent, comme *arrosoir* (d'*arrosant*), *éteignoir* (d'*éteignant*), *brunissoir* (de *brunissant*), etc.

OIRE , OIR.

Oire termine 1° les substantifs masculins non dérivés d'un participe présent : *directoire, observatoire, répertoire,* etc. ; excepté *soir, espoir, dortoir.* — 2° tous les substantifs féminins : *armoire, écritoire, histoire,* etc. — 3° les adjectifs : *méritoire, obligatoire, provisoire,* etc. Une seule exception : *noir, noire.*

OUPE, OUPPE; OUPER, OUPPER.

Les substantifs terminés par le son *oupe,* et les verbes terminés par le son *ouper* ne prennent qu'un *p* : *croupe, étoupe; grouper, souper,* etc. ; excepté *houppe* et *houpper.*

SE, ZE; SER, ZER.

Gaze, topaze, bonze, bronze, et *onze,* sont les seuls mots qui finissent par *ze;* dans les autres, le son *ze* se rend par *se;* on écrit *base, case, extase, phrase,* etc. — Pour les verbes, *gazer* et *bronzer* sont les seuls qui prennent *zer;* dans les autres, le son *zer* se rend par *ser* : *écraser, jaser, raser,* etc.

SION , TION.

On écrit par *sion* les mots où cette finale est précédée d'une *l* ou d'une *r* : *convulsion, impulsion, aversion, excursion,* etc. Excepté *assertion, désertion, insertion, portion, proportion,* et *disproportion.*

SON , ZON.

Gazon et *horizon* sont les seuls substantifs qui se. terminent par *zon;* les autres prennent *son* : *blason, poison, guérison, trahison,* etc.

TIEL, CIEL; CIEUX.

Dans les adjectifs en *iel* formés des substantifs terminés par *ance, ence,* le *c* du subst. se change en *t;* ex. : *substantiel, essentiel,* etc. ; excepté *circonstanciel.* — Les adjectifs en *ieux,* au contraire, gardent le *c* du subst. : *licencieux, sentencieux, silencieux,* etc.

ULE, UL.

Les adjectifs de cette terminaison prennent un *e* final : *crédule, ridicule,* etc. Une seule exception : *nul, nulle.*

Quant aux substantifs, on écrit par *ul* : *accul, calcul, consul,* et *recul;* tous les autres subst., soit masculins, soit féminins, prennent un *e* final : *crépuscule, monticule; cellule, pilule,* etc.

ULER, ULLER.

Tous les verbes terminés par le son *uler* ne prennent qu'une *l* : *accumuler, capituler, pulluler,* etc. On écrit *annuler* ou *annuller.*

UR , URE.

Les adjectifs de cette désinence s'écrivent sans *e* au masculin : *mûr, obscur, pur,* etc. Une seule exception : *parjure,* qui est aussi substantif.

Dans les substantifs, il n'y a que *azur* et *mur* qui ne prennent pas d'*e* final, puisque *futur* et *clair-obscur* sont réellement des adjectifs. Les autres subst. , soit masculins, soit féminins , prennent un *e* final : *augure, murmure; aventure, blessure,* etc.

REMARQUES DÉTACHÉES.

Les verbes terminés à l'infinitif par *andre*, *endre*, *ondre*, *oudre*, conservent le *d* au présent de l'indicatif : *je répands*, *tu répands*, *il répand*; *j'entends*, *je réponds*, *je couds*, etc. — Il faut excepter de cette règle *absoudre*, *dissoudre*, et *résoudre*, qui le perdent : *j'absous*, *tu absous*, *il absout*; *je dissous*, *je résous*, etc.

Dans les verbes terminés par *aindre*, *eindre*, *oindre*, on supprime le *d* : *je crains*, *tu crains*, *il craint*; *je peins*, *je joins*, etc. Cette règle n'a pas d'exceptions.

On écrit sans *t je mens*, *je pars*, *je me repens*, *je sens*, *je sors*, et leurs composés *je démens*, *je repars*, *je ressens*, etc.

Courir et ses composés *accourir*, *concourir*, *discourir*, *encourir*, *parcourir*, *recourir*, *secourir*, perdent l'*i* au futur, ainsi que les verbes *acquérir*, *conquérir*, *s'enquérir*, *requérir*, et *mourir*; ainsi, au lieu de *je courirai*, *j'accourirai*, *j'acquérirai*, *je mourirai*, etc., l'on dit : *je courrai*, *j'accourrai*, *j'acquerrai*, *je mourrai*. — *Envoyer*, *voir*, *pouvoir*, *déchoir*, *échoir*, prennent également deux *r* au futur : *j'enverrai*, *je verrai*, *je pourrai*, *tu décherras*, *il écherra*.

Dire et *redire* font, à la seconde personne plurielle du présent de l'indicatif: *vous dites*, *vous redites*; — *contredire*, *dédire*, *interdire*, *médire*, et *prédire* font: *vous contredisez*, *vous dédisez*, *vous interdisez*, *vous médisez*, *vous prédisez*; — *maudire* fait *vous maudissez*.

Quant aux composés de *faire*, ils sont tous réguliers : *vous faites*, *vous refaites*, *vous défaites*, *vous contrefaites*.

Vêtir, *dévêtir* et *revêtir* font : *je vêts*, *nous vêtons*; *je dévêts*, *nous dévêtons*; *je revêts*, *nous revêtons*; — *investir* et *travestir* font : *j'investis*, *nous investissons*; *je travestis*, *nous travestissons*.

Départir, *se départir*, et *repartir* (partir de nouveau, répliquer), se conjuguent comme *partir* : *je dépars*, *nous départons*; *je me dépars*, *nous nous départons*; *je repars*, *nous repartons*; — mais *répartir* (distribuer) fait *je répartis*, *nous répartissons*.

Ressortir (sortir de nouveau) fait *je ressors*, *nous ressortons*; — *ressortir* (être du ressort, de la dépendance de) fait *je ressortis*, *nous ressortissons*; ex.: *cette juridiction ressortit à telle principauté*; *les causes des particuliers ressortissent au gouverneur de la province et à ses assesseurs*.

Servir et *desservir* font : *je sers*, *nous servons*; *je dessers*, *nous desservons*; *asservir* fait *j'asservis*, *nous asservissons*.

FIN.

www.ingramcontent.com/pod-product-compliance
Ingram Content Group UK Ltd.
Pitfield, Milton Keynes, MK11 3LW, UK
UKHW020921140726
13695UKWH00003B/914